Atgof a Cherdd

Argraffiad cyntaf: 2003

Dylunio: Y Lolfa

Rhif Llyfr Rhyngwladol: 0 86243 682 6

Cyhoeddwyd yng Nghymru
ac argraffwyd ar bapur di-asid a rhannol eilgylch
gan Y Lolfa Cyf., Tal-y-bont, Ceredigion SY24 5AP
e-bost ylolfa@ylolfa.com
gwefan ylolfa.com
ffôn (01970) 832 304
ffacs 832 782
isdn 832 813

CYNNWYS

CYFLWYNIAD

Mae'r deyrnged i J R ar dudalen arall yn sôn am ei aml ddoniau ac am ei benderfyniad i ddatblygu a pherffeithio'r doniau hynny, ac yn eu plith yr oedd y ddawn o gofio arferion 'slawer dydd ynghyd â'r ddawn o'u hadrodd yn ddiddorol fel y gwnaeth wrth lunio cerddi am ambell gymeriad fel Dei Bach yr Injan a Siôn Glan-don a gyhoeddwyd yn ei gyfrolau o farddoniaeth. Ac yntau wedi crwydro Cymru o steddfod i steddfod, roedd ganddo hefyd stôr o hanesion difyr am gymeriadau a digwyddiadau ledled y wlad. Yn ystod ei fisoedd olaf fe ymdrechodd i roi'r hanesion difyr hyn ar bapur – a dyna yw'r gyfrol hon, ynghyd â rhai cerddi na chyhoeddwyd mohonynt cynt. A minnau wedi ei glywed yn adrodd llawer ohonynt, rwy'n hynod falch iddo lwyddo i'w rhoi ar bapur, a hynny er gwaethaf y gwendid cynyddol oedd yn ei lesteirio. Bydd hyn yn sicrhau bod y deunydd ar gof a chadw ac y caiff y gynulleidfa ehangach, a oedd mor gyfarwydd â gweld yr awdur a chlywed ei lais hudolus, gyfle i flasu'r atgofion a throi'n ôl atynt fel y bydd yr awydd yn codi. Dyma pam y mae'n gymaint o bleser i mi ysgrifennu'r gair hwn o gyflwyniad i gyfrol a ddaw â mwynhad i lu o ddarllenwyr. Mae'n addas bod y gyfrol yn cael ei chyhoeddi adeg yr Eisteddfod Genedlaethol ym Meifod, gan i J R droedio llwyfan yr Eisteddfod Genedlaethol droeon fel beirniad ac fel arweinydd ac am iddo fod yng nghanol bwrlwm Eisteddfod Powys dros y blynyddoedd.

Ac yntau â'i wreiddiau'n ddwfn yn naear Tal-y-bont a'r cylch, mae'n addas hefyd y caiff y gyfrol ei chyhoeddi gan wasg Y Lolfa sydd wedi datblygu'n un o brif gyhoeddwyr Cymru yn yr union bentref lle'r arferai J R hogi ei arfau llenyddol yng nghwmni llenorion a phrifeirdd ein cenedl. Rydym yn ddyledus hefyd i'w briod, Rosina, am gasglu ynghyd nifer o luniau diddorol sy'n gefndir i lawer o'r hanesion.

Alun Creunant Davies

DIOLCH

Yn ystod y flwyddyn cyn ei farw yn Awst 2002, casglodd J R rai atgofion a cherddi at ei gilydd a charwn ddiolch i Alun Creunant Davies am ei gymorth i ddod o hyd i gyhoeddwr i'r gyfrol.

Diolch i wasg Y Lolfa am eu diddordeb a'u parodrwydd i ymgymryd â'r gwaith, ac i Gyngor Llyfrau Cymru am bob cymorth a chymwynas. Hefyd carwn gydnabod help Hefin Llwyd a Mary Thomas gyda'r gwaith gwreiddiol ac i Rita Llwyd am y teipio taclus.

Dymunaf gydnabod Llys yr Eisteddfod am ganiatâd i gyhoeddi'r cerddi a wobrwywyd yn y Brifwyl; bu eraill yn fuddugol yn eisteddfodau Pontrhydfendigaid a Llanbedr Pont Steffan.

Rosina Jones

TEYRNGED I J R

Mawl i aer Cwm Eleri – un o'i gwreng
 Mabon grwn a'i llethri;
 Rhwymodd iaith a'i hafiaith hi
 Ym mwdwl 'Crafion Medi'.

Awen hael ei gyfeiliant – a hoen llys
 Meistri'n llên a'u rhamant;
 Gwerin wâr, esgair a nant
 Yw ei gân a'i ogoniant.

O eiriau ei ddistawrwydd – y mae co'
 Am y coeth, cyfarwydd;
 I'w wlad, mewn seiad a swydd
 Ei athro oedd perffeithrwydd.

Jon Meirion Jones

7

TEYRNGED

Brynhawn Gwener, 9 Awst 2002, yn Ysbyty Bronglais, Aberystwyth, bu farw J R Jones, Y Deri, Llwyn Afallon, Aberystwyth, yn 79 oed. Y prynhawn hwnnw yn Nhyddewi yr oedd seremoni cadeirio'r bardd yn yr Eisteddfod Genedlaethol, llwyfan y bu J R yn ei gerdded am flynyddoedd fel beirniad ac fel arweinydd ac, yn ddiddorol, J R roddodd ei gadair gyntaf i'r bardd buddugol a gadeiriwyd y prynhawn hwnnw, Myrddin ap Dafydd, a hynny yn Eisteddfod Trefriw rai blynyddoedd yn ôl. Magwyd J R yn ardal Taliesin, ond yn 10 oed symudodd gyda'i rieni, Huw a Dinah Jones, i Wern-deg, Tal-y-bont, ac fel John Wern-deg y byddai pawb yn ei nabod.

Wedi priodi â Rosina dros 35 mlynedd yn ôl daeth i weithio i'r Cyngor Llyfrau a bu yno am ugain mlynedd hyd at ei ymddeoliad. Wedi hynny symudodd i fyw i'r Deri, Llwyn Afallon, Aberystwyth, a bu'n weithgar gyda chymdeithasau megis Cymdeithas yr Aelwyd er ei fod yn troi'n ôl i Fethel, Tal-y-bont, ar y Sul lle bu'n ddiacon am dros hanner can mlynedd.

Gan iddo symud ysgol tua'r deg oed ni chafodd gyfle ar addysg uwch ffurfiol, ond roedd ganddo amryw ddoniau – a'r peth amlycaf sy'n denu'n sylw wrth edrych 'nôl ar ei fywyd yw sut y llwyddodd i ddatblygu'r doniau hynny, dros drigain mlynedd yn ôl, heb y cyfleusterau sydd ar gael heddiw. Hwyrach nad oedd ei galon mewn amaethyddiaeth rhagor na'i fod yn rhywfaint o gynhaliaeth, a'i fod yn cynorthwyo'i fam a'i dad i sicrhau'r gynhaliaeth honno, ond os nad oedd ei galon mewn amaethyddiaeth fe welodd bob math o gyfleusterau yn y gymdeithas o'i amgylch i feithrin ei ddoniau. Byddai'n sôn yn aml am y gymdeithas gref oedd ym Methel ac ym mhentref Tal-y-bont, ac am y cyfle a gafodd i feithrin ei ddoniau yn y cymdeithasau hynny.

Yna lledu tipyn ar ei orwelion a mynychu dosbarthiadau Gwenallt yn Ysgol Rhydypennau, a phan ddaeth y rheini i ben penderfynodd ef a dau arall o'r ardal fynychu dosbarthiadau Euros Bowen yng Nghwmllinau. Er ei bod yn dipyn o daith bob wythnos roedd wrth ei fodd, nid yn unig yn gwrando ar y darlithydd ond yn rhannu yn y trafodaethau gyda gwerinwyr diwylliedig Dyffryn Dyfi. Ychwanegwch at hynny y cyfle a gâi i drafod gyda gwŷr fel y Parchedig Fred Jones, oedd yn weinidog ym Methel, Dewi Morgan a fyddai'n trafod ei englynion cynnar ac, ychydig yn ddiweddarach, y Parchedig Brifardd W J Gruffydd a ddaeth yn weinidog i'r Tabernacl, Tal-y-bont.

Yn sgil hyn i gyd gwelodd y gymdeithas gymaint oedd ei ddiddordeb a'i ddawn gan ei wahodd i feirniadu mewn eisteddfodau yn Nhal-y-bont ac yn y Garn pan nad oedd ond yn ei ugeiniau cynnar. Efallai mai dyna un o fanteision ei gyfnod yn y Cyngor Llyfrau, oherwydd pan holodd rhywun ef sut oedd yn dygymod â bod rhwng pedair wal drwy'r dydd ac yntau wedi arfer bod allan yn yr awyr iach, ei ateb oedd ei fod yn cael trafod pethau a oedd o ddiddordeb mawr iddo, sef llyfrau, a oedd yn ganolog i'r ddawn yr oedd yn ei feithrin.

Ond nid meithrin ei ddawn yn unig a wnaeth – fe fynnodd hefyd ei pherffeithio ar lafar ac ar bapur. Pan fyddai'n siarad yn gyhoeddus gallech daeru ei fod wedi saernïo pob brawddeg yn ofalus – roedd pob gair yn ei le, a mwy na hynny pob gair yn talu am ei le – heb unrhyw gerrig llanw. Bydd ambell un yn gorfod ymbalfalu am y gair iawn wrth annerch yn gyhoeddus, ond nid felly J R. Roedd perffeithrwydd J R yn golygu nad oedd rhaid iddo ymbalfalu am eiriau. Yn yr un modd y perffeithiodd y ddawn o adrodd, gan ennill yn ei dro y brif wobr yn yr Eisteddfod Genedlaethol. Bu'n arwain ac yn beirniadu ar lwyfan yr Eisteddfod Genedlaethol lawer tro gan fynychu'r eisteddfod yn ddi-fwlch am dros hanner can mlynedd. Roedd yn arwain pan fu'r eisteddfod yn Sir Benfro ddiwethaf, yn Abergwaun ym 1986, ac fel y soniwyd, bu farw yng nghanol wythnos Eisteddfod Tyddewi 2002 yn yr un sir. Yn y dyddiau pan oedd J R yn arwain, roedd yn arferiad cael llywydd bob dydd, a chyfrifoldeb arweinydd sesiwn y prynhawn fyddai cyflwyno'r llywydd. Byddai J R yn naturiol wedi gwneud ei waith cartref am gefndir y llywydd, ond yr hyn a gofir yn arbennig amdano yw perffeithrwydd ei gyflwyniad gorffenedig graenus – a'r cyfan ar ei gof.

Dawn arall oedd yn gofyn am berffeithrwydd oedd ei ddawn i ddynwared. Diddorwyd llawer i gynulleidfa wrth wrando arno'n dynwared rhai o enwogion ein cenedl, ac ni ellid fod wedi gwneud hynny heb gael yr oslef a'r pwyslais a'r ystum yn berffaith.

Gwelwyd yr un perffeithrwydd yn ei waith ysgrifenedig. Cyhoeddodd bum cyfrol o farddoniaeth, yn ogystal â nifer fawr o erthyglau mewn gwahanol gylchgronau, a phrawf o safon ei waith ysgrifenedig oedd ei lwyddiannau mewn eisteddfodau ar hyd a lled Cymru gan ennill dros ddeugain o gadeiriau a thair coron, a dod yn ail am y goron yn yr Eisteddfod Genedlaethol. Ond fel y dywedodd ef ei hun, un o'r pethau a roddodd fwyaf o wefr iddo oedd ennill y dwbl, sef y goron a'r gadair, yn Eisteddfod Teulu James yn Llambed ym 1996. Ond mae un peth arall i'w ddweud amdano – fe ofalodd rannu cynnyrch ei ddoniau er lles eraill. Gan na chafodd addysg ffurfiol, hawdd iawn iddo ar ôl meithrin a pherffeithio ei ddoniau fyddai ymneilltuo a myfyrio ar ei lwyddiannau. Ond nid dyna'i natur. Dechreuodd yn ifanc roi ei wasanaeth i Fethel, Tal-y-bont, a rhoddodd wasanaeth gwerthfawr i'r Eisteddfod Genedlaethol fel aelod, a chadeirydd o bryd i'w gilydd, o Bwyllgor Adrodd canolog yr Eisteddfod. Yn yr un modd bu'n rhannu ei ddoniau yng Nghymdeithas yr Aelwyd yn Aberystwyth dros y blynyddoedd gan fod yn Llywydd ar fwy nag un achlysur.

Byddai nifer fawr o adroddwyr, beirdd ac ymchwilwyr yn troi ato am gyngor a chyfarwyddyd, a theimlai'n falch o gael bod yn gymorth iddynt. Byddai eraill yn troi ato i holi am benillion cyfarch, yn benillion telyn, yn englynion, yn gywyddau neu'n sonedau, ac yntau wrth ei fodd yn rhannu ei ddawn er mwyn eu bodloni – a hynny heb ddisgwyl unrhyw dâl. Byddai eraill yn troi ato am gerddi ar gyfer caneuon a manteisiodd yr Ysgol Gymraeg yn Aberystwyth, fel eraill, ar ei barodrwydd i lunio cerddi ac yntau wrth ei fodd yn gweld y to sy'n codi yn cael hwyl wrth ganu ei eiriau. Efallai bod dau lyfr newydd a dderbyniodd yn ystod ei ddyddiau olaf yn yr ysbyty yn crynhoi'r agwedd yma ar ei ddoniau. Y cyntaf oedd *Fy Mhobol I,* T Llew Jones, ac yn hwnnw y mae llun o'r J R ifanc ar y llwyfan yng Nghoedybryn gydag eraill yn rhannu yn llwyddiant bardd arall o'r sir a edmygai'n fawr wedi i Llew Jones ennill ei gadair yn Eisteddfod Genedlaethol Glynebwy. A'r gyfrol arall oedd *Mynd i'r Ffair,* sef cyfrol o ganeuon gan Bethan Bryn, a J R wedi ysgrifennu geiriau tair o'r caneuon; uwchben y ddwy olaf mae'r geiriau 'Cyflwynedig i Margaret a phlant Ysgol Gymraeg Aberystwyth'. Ie, dyna J R yn cyflwyno'i ddoniau er mwyn eraill i'r diwedd.

O gofio hyn i gyd, priodol oedd dyfynnu yn y gwasanaeth o ddiolch am ei fywyd ym Methel, Tal-y-bont: 'Da was da a ffyddlon, buost yn ffyddlon yn gwneud yn fawr o'r doniau a roddwyd i ti ac am hynny tyrd i ymuno yn llawenydd dy Feistr'. Ac mae'n ddiddorol nodi mai'r gair 'llawenhau' sy'n amlwg yn yr unig emyn o'i waith sydd yn y gyfrol *Caneuon Ffydd,* lle mae'r pennill olaf yn dechrau gyda'r geiriau:

Ein nerth a'n gobaith oll bob awr
Yw Ei Efengyl ef:
Daeth Crist i'n byd, o llawenhawn...

Dyna oedd sail ffydd J R, a'r nerth a'i cynhaliodd drwy gyfnodau ei salwch, gan gynnwys ei waeledd olaf, heb anghofio'r gofal cyson a gafodd gan ei briod, Rosina, gyda chymorth teulu a meddygon a nyrsys, yn ei gartref ac yn yr ysbyty. Mae llawer yn diolch am gael ei adnabod ac am iddynt dderbyn cynifer o gymwynasau drwy haelioni ei ddoniau.

Alun Creunant Davies
Teyrnged a roddwyd yn angladd J R, 14 Awst 2002,
yng Nghapel Bethel, Tal-y-bont.

CEFNDIR

Ganwyd fy nhad ym 1895 yng Nghae'r Arglwyddes, fferm rhyw dair milltir i'r gogledd o Dal-y-bont, nid nepell o Fedd Taliesin. Roedd ganddo un brawd iau, sef Lewis, a hanner brawd hŷn o briodas gyntaf ei dad, sef Richard, ac ar droad y ganrif symudodd y teulu i'r Wern-deg, fferm fechan yng Nghwm Eleri. Bûm yn dyfalu droeon pam y bu iddynt symud o fferm dipyn mwy ei haceri i le cymharol fychan a thipyn yn llechweddog er ei fod yn wyneb haul drwy'r flwyddyn.

Richard ac Elisabeth Jones, tad-cu a mam-gu Wern-deg

Mewn tyddyn o'r enw Lluest y Rhos y ganwyd fy mam, ar y ffin rhwng Ceredigion a Maldwyn ac ar ddarn o fynydd agored yng ngolwg Pumlumon; hi oedd yr hynaf o chwe chwaer, ond treuliodd ei phlentyndod gyda'i modryb yn Nhaliesin, ac yn ysgol y pentre y derbyniodd ei hychydig addysg. Roedd ganddi ddiddordeb mewn canu, ac mae'r tystysgrifau a enillodd mewn arholiadau sol-ffa yn brawf o'i dawn yn y maes hwn. Roedd ganddi lawysgrifen arbennig o ddestlus, y *'thick and thin'* fel y gelwid hi, i fyny yn ysgafn ac i lawr yn drymach; rhoddid pwyslais arbennig ar ysgrifennu yn y cyfnod hwnnw.

Aeth fy nain i fyw i Gorris Uchaf lle'r oedd Taid yn gofalu am un o'r ceffylau gwaith yn y chwarel lechi, ac ar ôl gadael yr ysgol aeth fy mam i weini ar fferm Bwlch-y-ddwyallt ger Tal-y-bont am gyflog o saith bunt a chweugain y flwyddyn, gan weithio i mewn ac allan yn ôl y galw. Yno y cyfarfu â nhad ac ar ôl priodi aeth y ddau i fyw yn Nhaliesin gan ofalu am ewyrth i nhad oedd yn ddall; ac ym Mhen-rhos, Corris, y deuthum innau i'r byd ym mis Mawrth 1923. Sut y llwyddodd Mam i gadw deupen y llinyn ynghyd ar gyflog pitw fy nhad o bunt yr wythnos sy'n ddirgelwch i mi. Byddai hi a'i chymdoges yn mynd i'r coed i gasglu tanwydd i arbed glo, ond ni chlywais hi erioed yn cwyno ar ei byd.

Pan oeddwn yn blentyn, awn weithiau i aros at Nain gan deithio ar y trên bach a redai o Fachynlleth trwy Gorris i Aberllefenni, a phrofiad hyfryd oedd cael mynd hefo Taid i'r chwarel ac i'r stabal i weld y ceffyl a chael fy nhywys o gwmpas. I ba le bynnag yr âi Taid mynnai fod yn brydlon bob amser, a chas ganddo oedd gweld neb yn cyrraedd yn hwyr.

Fi yn faban gyda nhad a mam

Pan ofynnai Nain iddo ar ôl dychwelyd o'r oedfa fore Sul, 'O'dd 'na dipyn yn y capel, John?' ei atebiad cwta bob amser fyddai, 'Fe ddaethon!'

Cofiaf y bore cyntaf yr euthum i ysgol y pentref yng ngofal Ifan Pant Glas. Miss Isaac, modryb y Prifardd Dic Jones, oedd athrawes y plant ieuengaf – a bu Dic ei hun yn mynychu'r ysgol am gyfnod byr, flynyddoedd yn ddiweddarach, pan oedd Huw Evans, tad John Hefin, yn brifathro, a'r awyrgylch dipyn yn fwy Cymreig erbyn hynny. Cyn gwasgaru i'n gwahanol ddosbarthiadau bob bore byddem yn sefyll yn ddwy res dalsyth y tu allan cyn martsio i mewn fel milwyr i gydadrodd Gweddi'r Arglwydd, a hynny yn Saesneg er mai Cymry uniaith oedd bron y cyfan ohonom. Er i mi ddysgu'r weddi yn Gymraeg ar ôl hynny, wrth gwrs, rhyfedd fel mae'r Saesneg yn dod yn rhwyddach hyd heddiw er na fûm yn ei hadrodd yn yr iaith honno byth oddi ar ddyddiau'r ysgol.

Pobl syml oedd trigolion y pentre, yn cynnwys nifer o gymeriadau diddorol, ac mae'n werth eu dwyn i gof pe bai ond am eu gwreiddioldeb cynhenid, ac nid er gwell y collwyd hwy o'n plith a'n gadael yn yr oes faterol hon yn genedl o stampiau.

Y drws nesaf i ni trigai hen wraig oedd yn hollol anllythrennog a diniwed – Ann Morgan, neu Ann Bwc fel y gelwid hi am ryw reswm. Dywedir i'w thad, John Bwc bach, fynd â mochyn i'w werthu a chafodd orchymyn nad oedd i'w ollwng heb gael deg swllt ar hugain amdano. Daeth rhywun a chynnig dwy bunt, ond gwrthododd John ei gynnig gan fynnu bod yn rhaid iddo gael y deg swllt ar hugain. Nid oedd Ann ychwaith yn adnabod arian, a fy mam fyddai'n nôl ei phensiwn wythnosol o chweugain, ond byddai'n rhaid iddi ei gael mewn pum pisyn deuswllt, neu ddeg darn swllt, ac roedd yn syndod fel y trefnai ei chyllideb wrth eu rhannu mewn gwahanol flychau Oxo. Cadwai rhyw gymaint at ei rhent, a'r gweddill at ychydig negeseuon, y glo a'r bara, gan ofalu bod ceiniogau wrth gefn i'w rhannu i'r plant a gariai ddŵr glân iddi o'r pwmp cyfagos, a phan fu farw roedd wedi cynilo digon i dalu ei chostau claddu. Byddai ei hwyneb a'i dwylo bob amser cyn dded â'r parddu, a'i thŷ fel nyth brân, ond byddwn wrth fy modd yn rhedeg ati i gael cwlffyn o frechdan frown. Byddai Mam yn gofalu am ei chinio Sul drwy'r flwyddyn heb dderbyn unrhyw gydnabyddiaeth o unman, a chyn bod sôn am 'bryd ar glud' ein dyddiau ni. Mynnai Ann gael y cyfan ar yr un plât, a hwnnw y plât mwyaf oedd gennym, a byddai'n dechrau gyda'r pwdin cyn ei digoni â'r cinio poeth.

Un tro aeth Ann gyda thrip y pentre i Aberteifi, taith bell yr adeg honno. Roedd yn ddiwrnod eithriadol o boeth ym mis Mehefin a stêm yn casglu'n haenen drwchus ar y ffenestri, ac meddai Ann, 'Bois bach, mae'n rhewi'n galed!' Gan i'r bws dorri i lawr – fel a ddigwyddai'n fynych y dyddiau hynny – roedd yn ddau o'r gloch y bore pan gyrhaeddodd adre, wedi gweld rhyfeddodau'r byd, a'r pentrefwyr wedi ymgasglu wrth siop y Temperance i'w chroesawu'n ôl fel brenhines. Byddai hi a'i chwaer Mari, er na chofiaf hi, yn cerdded bob Sul i Fethel, Capel yr Annibynwyr yn Nhal-y-bont, ond ar ambell Sul gaeafol byddai'n troi i mewn i gapel Comins. Comins y Dafarn Fach oedd yr hen enw ar Daliesin cyn ei newid yn dilyn un o'r diwygiadau crefyddol, ac wrth yr hen enw y galwai Ann y pentre.

Pan syrthiodd a thorri ei braich, aed â hi i'r ysbyty. Crefodd am beidio cael ei rhoi yn y wyrcws, ac er mai yno y bu hyd ei marw, ni wyddai hynny. Er ei thlodi, roedd ynddi ormod o falchder i ymgartrefu mewn lle a ystyrid braidd yn amharchus.

Ychydig i fyny'r pentre, ym Mhen-cae, roedd Mari Riley y Wyddeles yn lletya tramps am chwe cheiniog y noson, a llawer tro ar ôl cael gormod i'w yfed yn nhafarn yr Oak byddai'n cerdded adre'n sigledig gydag ochr y clawdd gan fwmian wrthi'i hun mewn Gwyddeleg. Gwelodd llawer hen grwydryn golli cysgod ei bwthyn ar ambell noson stormus.

Rhyw dafliad carreg o'n cartre roedd sièd sinc John Wynne, gŵr a geisiai ennill ychydig at ei gynhaliaeth wrth drwsio esgidiau. Ni allai gerdded heb gymorth ei ffyn baglau ar ôl cael ei anafu yn y Rhyfel Mawr. Roedd ei weithdy fel senedd-dy, gyda chymeriadau hirben yn galw i mewn i drin a thrafod pynciau llosg y dydd, a minnau – heb ddeall fawr – yn mwynhau gwrando arnynt. Weithiau awn cyn belled â Thre'r-ddôl a galw yn efail y gof ac ymlaen i Siop Lal am werth ceiniog o ddanteithion.

Un o'r rhai olaf o gymeriadau lliwgar y fro oedd Dic y Lein, fel y gelwid ef, a fu farw rai blynyddoedd yn ôl. Roedd yn byw ger Ynyslas, a chafodd ei enw ar ôl ei dad a weithiai ar y lein – gwaith a ystyrid braidd yn israddol yn y cyfnod hwnnw. Hanai o deulu anghyffredin o dlawd ac roedd ganddo daith hir i'w cherdded i'r ysgol ar draws Cors Fochno. Cafodd ei ychydig addysg i gyd trwy gyfrwng y Saesneg, a hynny sy'n cyfrif bod cynifer o'i ddywediadau bachog yn yr iaith honno. Roedd y prifathro yn ei gasáu am ei fod yn dlawd, a'r cyfan a glywid yn barhaus, meddai Dic, oedd '*The British Empire and the wars we have won*'. Dim sôn am yr ardal a'i phobl. Bu'n gweithio ar nifer o ffermydd ac am flynyddoedd gyda'r Comisiwn Coedwigaeth. Byddai'n cerdded ychydig yn swrth a heglog, gan ymddangos yn hanner-meddw ac yntau'n hollol sobor, ond roedd ganddo gof eithriadol ac roedd yn ŵr darllengar iawn. Roedd adnodau'r Beibl ar flaenau ei fysedd, a dyfynnai'n helaeth ohonynt pan

Ysgol Llangynfelyn

fyddai angen clensio rhyw sgwrs neu ddadl. Ei wendid pennaf ar ôl diota fyddai codi cynnen wrth olrhain pechodau ambell berson i'r nawfed ach, a hynny'n creu helynt a tharo. Bydd nifer o'i ddywediadau'n para'n hir; wrth ddisgrifio'i gefndir tlawd un tro, meddai, '*I have seen more dinner times than dinners'* a phan ddechreuodd ymwelwyr haf heidio i'w carafannau yn y Borth a'r Ynys-las, ymateb Dic oedd, '*Two weeks on the sands and fifty on the rocks'*. Llwyddodd i ddod allan o'r fyddin yn y Rhyfel Mawr drwy honni ei fod yn fyddar, ac er pob cynllwyn i'w ddal a phrofi ei fod yn ffugio fe'i rhyddhawyd o'i lifrai milwrol. Ie, tipyn o gymeriad, ond:

> Oni bai am siort Dic mewn ffiloreg a dawn
> Oni fyddai'r hen fyd yma yn lle diflas iawn.

Un capel sydd yn Nhaliesin, sef Rehoboth, a byddai'r cyfan o weithgareddau'r pentref yn cael eu cynnal yn y festri. Roedd bri ar y Band of Hope, y Gymdeithas Ddiwylliadol a'r Ysgol Sul, a rhaid oedd dysgu o leiaf un adnod i'w hadrodd yn oedfa'r hwyr. Pan oeddwn yn blentyn rhy ifanc i ddilyn y gwasanaeth, byddwn yn difyrru fy hun yn gwneud llygoden fach o'm cadach poced a'i chwarae ar draws y côr. Ar ddydd Gwener y Groglith byddem yn gorymdeithio cyn belled â Thre'r-ddôl gyda baner fawr y tu blaen, cyn dychwelyd i gael te parti, yn cael ei ddilyn gyda chyfarfod adloniadol. Byddai Miss Jones y Gwynfryn, gwraig fonheddig a charedig, yn gofalu am barti Nadolig yr ysgol ddyddiol. Roedd yn ferch i Basil Jones a fu'n esgob Tyddewi. Yn ddiweddarach priododd â David Evans, brawd y Prifardd Wil Ifan, a symud i fyw i waelod y sir.

Bellach, go brin fy mod yn adnabod mwy na hanner dwsin o'r trigolion. Daeth y llanw estronol i mewn, a Saesneg yw iaith y mwyafrif. Rwy'n ddyledus i'r fagwraeth a gefais ac am y seiliau crefyddol a diwylliannol, a cholled enfawr i blant a ieuenctid heddiw yw ymwrthod â'r hen lwybrau a cholli cyfle i etifeddu'r cyfoeth o adnodau ac emynau a ddysgwyd i ni.

NEWID YSGOL

A minnau'n ddeg oed bu farw fy nhad-cu – roedd yr ewyrth yn Nhaliesin wedi'i gladdu ers rhai blynyddoedd – ac felly nid oedd ond fy nhad a'm mam-gu yn Wern-deg. Roedd Yncl Lewis wedi priodi ac yn ffermio Rhyd-yr-onnen yng Nghwm Ceulan, y cwm sydd â'i ffordd yn dirwyn i Blas y Mynydd neu ymlaen heibio i Nant y Moch i Bonterwyd, ac roedd Yncl Dic ers blynyddoedd yn ffermio yn Tŷ Hen.

Felly dyma benderfynu symud i Wern-deg yng Nghwm Eleri, sydd ddwy filltir o Dal-y-bont. Yn fwy na dim i mi, golygai newid ysgol a cherdded i lawr i'r pentre ac yn ôl bob dydd. Miss Lilian Edwards oedd fy athrawes, a chan ei bod yn byw yn Nhaliesin roeddwn yn ei nabod yn dda, ac iddi hi yn bennaf y mae fy niolch am yr hyn a ddysgais. Roedd

Wern-deg tua 1880 – tŷ un llawr

Hen ysgol Tal-y-bont

ganddi ddawn arbennig, a phob plentyn yn cyfri, ond yn anffodus bu raid i mi ei gadael yn llawer yn rhy fuan a symud i stafell 'Mistir' fel y galwem ef.

H R Evans oedd y prifathro yn Nhal-y-bont, dyn byr, gwyllt ei dymer, ac ni fyddai ond y mymryn lleiaf yn ei danio fel matsien; byddai'n colli pob rheolaeth arno'i hun gan agor a chau'r drysau wrth ruthro o stafell i stafell yn hollol anystywallt. Ei uchelgais bennaf fyddai cael y plant a safai arholiad y *Scholarship* ymhlith deg uchaf y sir, a byddai'n bugeilio pob plentyn o'i ddiwrnod cyntaf yn yr ysgol fel y medrai ddethol y rhai oedd yn debygol o gyrraedd y brig. Ond os mynnai ambell un gynnig yn groes i'w ddymuniad, ni fyddai'n ôl o'i ymlid yn ddidostur, a chofiaf am fwy nag un cyfaill a roes y gorau iddi, ac eto medrai fod yn hwyliog a charedig. Roedd ef a Syr Thomas Parry-Williams yn gyfeillion agos, a chyfeirir ato mewn o leiaf ddwy o ysgrifau'r ysgolhaig o Ryd-ddu; pan alwai ef heibio weithiau, byddai'r ddau'n mynd allan am sgwrs hir a chaem wneud fel y mynnem.

Gan mai hogyn diarth o Daliesin oeddwn i, a'r Mistir heb adnabod fy rhieni nac yn aelod o'r un capel, ni chefais i ganddo y cyfle i sefyll yr arholiad, ac ni chymerodd y diddordeb lleiaf ynof. Roedd y rhai dethol yn eistedd mewn hanner cylch o'i gwmpas, ac yntau fel rhyw iâr yn gwarchod ei chywion, a nhw fyddai'n marcio ein gwaith. Cofiaf un tro un ohonynt yn dadlau â mi mai un 'n' sydd yn y gair 'annwyl', gan fy marcio'n anghywir, ond gwell hynny na gofyn i'r Mistir a chynhyrfu'r dyfroedd.

Mae un digwyddiad wedi aros yn glir yn fy meddwl. Roeddwn wedi sgrifennu

Miss Lilian Edwards

traethawd Saesneg ar y testun 'Gwyliau'r Nadolig', ac fel arfer heb ymboeni rhyw lawer gan y gwyddwn na fyddai neb yn ei ddarllen. Ond rhyw chwarter awr cyn ein gollwng o'r ysgol, am y tro cyntaf erioed, rhuthrodd y Mistir at fy nesg a chipio'r gwaith; roeddwn wedi cynnwys y geiriau *'the road was slick'*, a phan ddaeth ar eu traws dechreuodd chwerthin yn wawdlyd a mynd â'r traethawd i'w ddangos i'r athrawon eraill, a chael hwyl ar fy mhen. Roeddwn wedi fy mrifo i'r byw. Trannoeth sgrifennais draethawd yn Gymraeg ar un o'r damhegion, a daeth ataf eilwaith gan ddisgwyl blasu profiad y diwrnod cynt, ond cafodd gryn syndod – roedd yr iaith a'r mynegiant cystal, a dweud y lleiaf, â'r goreuon o blant y *Scholarship*.

Y diwrnod y gadewais yr ysgol, prin wedi cyrraedd fy mhedair ar ddeg, cofiaf ef yn dweud wrth y dosbarth, 'trueni na fyddai'r hen grwt 'na wedi sefyll y *Scholarship*'. Ond roedd yn rhy ddiweddar erbyn hynny – roedd drysau addysg wedi'u cau, a dim o fanteision heddiw ar gael yr adeg honno, ac felly nid oedd dim yn aros ond dychwelyd adre i weithio'n galed ar ein fferm fechan.

21

DYDDIAU IEUENCTID

Pan oeddwn yn blentyn, ni theimlais erioed yn unig. Roedd y pentre braidd yn bell i gyfarfod ffrindiau i chwarae, felly rhaid oedd difyrru fy hun gyda'r creaduriaid ar y fferm, yn arbennig y cŵn defaid. Roedd fy mam-gu yn gwbl uniaith, heb fedru gair o Saesneg, ond roedd ganddi Gymraeg cyfoethog – Cymraeg yr Esgob Morgan – ac o'i Feibl ef yn yr Ysgol Sul y cafodd ei geirfa.

Tŷ hir, fel y gelwid ef, oedd Wern-deg, yn ymestyn yn ôl dros lawer canrif. Roedd un ffenest amlwg wedi'i chau ers y dyddiau pan oedd treth i'w dalu am olau dydd. Parlwr hirgul yn y pen isaf, ond clamp o gegin gyda rhyw gymeriad amheuthun yn perthyn iddi, a hen ddodrefn yn ei llenwi. Y dresel a'i bachau gof yn dal y ddwyres o jygiau, a phedair astell o blatiau, ac yn un cornel y cwpwrdd a'i lestri ffansi; tân ar lawr gyda

Wern-deg wedi ei godi'n ddau lawr, ym 1939

chlamp o graen â'i ddolenni trwchus i ddal y tegell gan nad oedd dim arall i ferwi'r dŵr, a byddai'r cyfan ar ôl eu blacledio yn sgleinio yng ngolau'r lamp baraffîn ar y bwrdd mawr. Ar yr ochr dde roedd y ffwrn wal, a setl dderi i gadw'r dillad yn demprus.

Yn y llaethdy roedd y separator Alfa Laval a'r fuddai gorddi, a dau fwrdd cerrig o lechi gleision, y naill i halltu mochyn a'r llall i ddal y menyn, a chunnog bridd i gadw'r llaeth enwyn. Roedd hefyd ffynnon yn y llaethdy, a'r dŵr cyn oered â'r iâ boed haf neu aeaf, ac ni fyddai byth yn sychu. Clywais mai hen-famgu i nhad a'i turiodd yn y graig, ac yn yr oes honno wele hen wraig anllythrennog wedi darganfod gwerth dŵr glân yn y cartre. Byddai cerdded i'r llaethdy fel camu i rewgell yn y gaeaf, ac roedd fy stafell wely innau yn union uwchben; ar noson aeafol, a'r rhewynt yn chwipio o'r gogledd, mor braf oedd diffodd fy nghannwyll wêr a llithro i gynhesrwydd y gwely plu.

Tipyn yn gyntefig, efallai, ond felly yr oedd yn y rhan fwyaf o ffermydd yr adeg hynny. Cyntefig hefyd oedd y dull o amaethu, ac roedd pob gwaith yn drwm a llafurus. Ceffylau fyddai'n cyflawni bron y cyfan o orchwylion y tir; nid oedd sôn am dractor, ac ambell gar yn unig a welid ar ein ffyrdd. Doedd yr un fferm â ffôn yn y tŷ – y ciosg ar sgwâr y pentref oedd yr agosaf – a doedd 'na ddim nwy, trydan na radio ar gyfyl y lle.

Roedd yn amhosib cael baddon gan nad oedd dim i gynhesu'r dŵr, ond roedd ffynnon arall gennym wrth dalcen y stabl lle byddai'r creaduriaid yn cael eu disychedu, a'r dŵr hwnnw'n oer a byth yn sychu. Ar ôl ambell ddiwrnod crasboeth yn yr haf, ac ar adeg y cynhaeaf pan fyddai'r hadau gwair yn glynu ar chwys y cefn, byddwn yn codi gyda'r wawr a chael trochiad iawn yn y ffynnon honno, ac arogl y sebon coch carbolig yn cadw'r pryfed draw.

Ond yn y cyfnod tlawd ac anodd hwnnw roedd pawb yn fodlon eu byd, ac roedd yna amser i hamddena a chymdeithasu heb ddim o ruthr gwyllt ein dyddiau ni. Roedd y prisiau am gynnyrch fferm a'r anifeiliaid yn taro'r gwaelod, ac yn waeth na'r cyfan nid oedd neb yn gofyn amdanynt.

Byddwn bob nos Wener yn mynd gyda Mam â dwy fasgedaid o wyau a menyn i Siop Evans yn y pentre, a dychwelyd gyda mân negeseuon a'r *Welsh Gazette*, papur wythnosol y rhan hon o'r sir. Roedd ynddo golofnau yn Gymraeg, a byddai darllen awchus arno o un pen i'r llall. Mrs Evans, gwraig weddw, oedd perchennog y siop; byddai bob amser yn hymian fel cacynen, a gelwid hi yn 'Humming Jennie'. Roedd ei nith Agnes yn cadw'r tŷ, ac yn nodedig am gyrraedd i bob man yn hwyr. Ar yr adeg pan fyddai bysedd y cloc yn cael eu troi'n ôl neu ymlaen roedd ar goll yn llwyr, gan gyrraedd yr oedfa awr yn rhy fuan neu pan fyddai'r gynulleidfa ar ei ffordd allan. Nid oedd symud y cloc yn cyd-fynd ag amser Agnes, ond roedd yn wraig hynod o garedig a hoffus.

Ond un nos Wener ar ôl cyrraedd y siop ni allai'r siopwraig dderbyn dim o'n cynnyrch, a bu'n rhaid cario'r cyfan adre wedi llwyr ymlâdd. Trannoeth, ailgychwyn drachefn i ddal y bws i'r dre a cherdded o siop i siop yn Aberystwyth yn y gobaith y byddai rhywun yn drugarog wrthym. Ar ddyddiau poeth yn yr haf byddem yn gosod dail riwbob dros y menyn i'w gadw rhag toddi, a bu'r siwrneiau hyn o wythnos i wythnos yn faich ychwanegol, ac yn dweud y cyfan am fywyd y tri degau.

Cofiaf y radio – neu'r weiarles fel y gelwid hi – yn cyrraedd ein cymdogion yn y Winllan, un o'r rhai cyntaf yn y cwm, a gwahoddwyd y pedwar ohonom i fynd draw un nos Sul i wrando ar bregeth o Salem, Caernarfon. Roedd y gweinidog a bregethai yn enedigol o Dal-y-bont. Cofiaf groesi'r caeau, a chyrraedd i weld llond ystafell o wrandawyr eiddgar, pob un yn ei ddillad parchus, yn rhythu ar y bocs diolwg yn y gornel a gwifren yn ymestyn o'i gefn i'r goeden falau yn yr ardd. Roedd y sain yn weddol glir, ar wahân i rai sgrechiadau weithiau, ond ar y diwedd aed i sôn y byddai'n bosib rhywdro i weld yn ogystal â chlywed y sawl a fyddai'n siarad, ond roedd hynny ''mhen oesau rif y tywod mân', ac ni freuddwydiodd neb mor agos oedd y dyddiau hynny a fyddai'n newid patrwm bywyd bob teulu drwy'r wlad.

Roeddem fel teulu yn aelodau ym Methel, a Fred Jones (taid Dafydd

Iwan) oedd y gweinidog a'm derbyniodd innau. Byddwn yn galw draw ambell noson i ddarllen *Y Faner* a chylchgronau eraill iddo, a difyr fyddai gwrando ar ei atgofion mebyd yn y Cilie. Teimlwn fy mod yn hen adnabod ei frodyr cyn cyfarfod yr un ohonynt, a dilyn eu campau eisteddfodol.

Ni fyddwn byth yn colli'r Ysgol Sul, a bûm yn fy nhro yn ysgrifennydd ac yn arolygwr, a'm rhieni'n ffyddlon i oedfa'r hwyr. Roedd bywyd ardal ynghlwm wrth y capel a'r Gymdeithas Ddiwylliadol yn llewyrchus iawn.

Fi yn fy arddegau

TRIP YR YSGOL SUL

Ers talwm, trip yr Ysgol Sul oedd un o ddyddiau mawr y flwyddyn, a'r fath wefr a deimlem pan gyhoeddai'r arolygwr tua dechrau Mai, 'y Sul nesaf byddwn yn trafod mater ein trip blynyddol'. Yr wythnos ganlynol byddai'r aelodau strae wedi dychwelyd yn gryno i'r gorlan yn barod am y ddrama fawr, ac ar ôl gorffen yr ysgol byddai pob dosbarth yn ymgynnull i'r corau ar ganol y llawr, ac wedi pesychiad neu ddau cyflwynai'r arolygwr ei neges yn glir a phwyllog.

'Wel, gyfeillion, mae wedi dod yn amser unwaith eto i drafod mater ein trip blynyddol, a'r peth cyntaf i'w benderfynu yw a oes 'na drip i fod eleni.'

Rhai o griw dosbarth Ysgol Sul Capel Bethel, Tal-y-bont, yn y 1940au. Rhes ôl, o'r chwith i'r dde: Ifan Evans, Gwyn Royle, Gwilym Jenkins. Rhes flaen, o'r chwith i'r dde: Ieuan Evans, Alun Evans, David Jones, a fi.

Ychydig dawelwch, ond byddai David Jones Davies, gŵr hirben a nai i William Davies, enillydd cyson am draethodau yn yr Eisteddfod Genedlaethol, yn barod â'i unig gwestiwn blynyddol, 'Mistar arolygwr, beth yw'r sefyllfa ariannol?'

Ar ôl gair gan y trysorydd fod y sefyllfa'n weddol iach, gyda chymaint ag ugain punt yn y banc, roedd y bwgan pennaf wedi'i symud, ac ni fyddai llawer o oedi pellach cyn i rywrai gynnig ac eilio ein bod yn cael trip fel arfer. Pawb yn unfrydol, a ninnau'r plant yn hanner neidio mewn llawenydd, cyn i'r arolygwr ganu'r gloch fach i'n tawelu a symud ymlaen i enwi nifer o drefi cymeradwy. Yr un rhestr a gyflwynid bron bob blwyddyn, yn cynnwys Llandudno, Caernarfon, Caerdydd ac Abertawe, a deuai pwl o chwerthin o seddau'r plant pan fentrai ambell hynafgwr gynnig y Bermo neu Landrindod, gan eu bod yn llawer rhy agos; ond y ffefryn bob tro fyddai y Rhyl er mynd yno bob yn ail flwyddyn.

Ar ôl cau y rhestr o drefi i ymweld â hwy, byddai'r ysgrifennydd yn ystod yr wythnos yn cael prisiau'r gwahanol gwmnïau bysiau, ac roedd nifer ohonynt yn Aberystwyth – Lion Garage, Jones Brothers a'r Primrose Garage, enwau sy wedi diflannu ers blynyddoedd – ond y Crosville fyddai'n cael y flaenoriaeth gan fod ganddynt fwy o fysiau a byddai angen weithiau cynifer â phump ohonynt.

Y Sul canlynol oedd y diwrnod tyngedfennol. Ni fyddai hawl gennym ni'r plant i bleidleisio – cyfrifoldeb y cyflawn aelodau oedd hynny – ond byddai digon o ganfaswyr yn ein plith i sicrhau y byddai'n ffefryn ni yn siŵr o ennill, a deuai gwaedd o orfoledd ar ôl y cyfrif terfynol pan gyhoeddai'r arolygwr, 'Mae'n debyg mai Rhyl fydd hi eto leni'.

Byddai Sadwrn y trip fel rheol tua chanol Mehefin rhwng tymor y cneifio a'r cynhaeaf gwair, gyda mis arall i ddisgwyl, a phob diwrnod fel pe bai'n llusgo'i draed; ond fe ddôi'r bore a phawb wrth y capel erbyn hanner awr wedi saith. Er y byddai gen i ddwy filltir dda i'w cerdded i'r pentre, byddwn yno gyda'r cyntaf a chweugain yn fy mhoced i'w wario.

Byddai bws arbennig i ni'r plant a phrifathro'r Festri, John Lewis Owen, neu Tom i ni'r plant, yn gyfrifol amdanom. Ar ôl gadael Corris, a'r bws yn araf duchan i fyny am fwlch Tal-y-llyn, clywid llais ein gofalwr, 'Hai, hai, drychwch i fyny ar y llaw dde, dyna bulpud y diafol', a byddai'r llwyth plant yn rhythu'n gegagored ar ddarn o garreg gron oedd yn hongian uwchben y dibyn. Nid syndod ein gweld yn rhyfeddu, a ninnau o Sul i Sul yn clywed cymaint am y diafol, heb syniad ymhle roedd yn byw, ond yn gweld ei bulpud ar y ffordd i'r Rhyl!

Diwrnod o wario a mwynhau, a chyrraedd adre tua chanol nos – a'r ddwy filltir o gerdded adre'n dipyn trymach i'r traed ond yn gyfoethog o atgofion. O'n holl dripiau i'r Rhyl, erys un yn fyw iawn yn y cof. Roedd saith neu wyth ohonom yn ein harddegau erbyn hyn ac yn gwlwm llawen gyda'n gilydd wrth edrych ymlaen at gyrraedd y dref hudolus a chydbrofi o'i difyrrwch a'i hwyl.

Wedi cyrraedd, i ffwrdd â ni fel anifeiliaid gwylltion gan anelu'n syth am yr 'Amusements', a buan y denwyd ni gan y geiriau 'The Rotor, the greatest sensation in the world'. Holi'n gilydd, 'Be 'di hwn?' – neb yn gwybod, ac yn lle oedi a holi ymhellach, i mewn â ni fel gyrr o wartheg.

Caewyd y drws yn glep ar ein holau, ac meddai un o'r criw sy'n weinidog wedi ymddeol bellach, sef y Parchedig John G E Watkin, 'Rwy'n credu mod i'n gwybod be sy'n digwydd; mi fyddwn i gyd yn sticio ar y wal!'

Ni fu'n rhaid aros yn hir cyn gweld ei fod yn iawn. Dyma'r llawr oddi tanom yn cael ei weindio i fyny'n araf, a rhoddwyd gorchymyn i bob un ohonom lynu'n dynn wrth y pared crwn. Dechreuodd y cyfan symud gan gyflymu a chyflymu nes ein hyrddio rownd a rownd. Nid oedd modd symud llaw na phen ac ni welwn ond wyneb y sawl oedd gyferbyn â mi, a hwnnw'n wyn fel drychiolaeth, ac felly pob un ohonom mae'n debyg. Ac ni allem weiddi na rhoi arwydd i aros. Gydag amser, fe ddechreuodd rhyw beiriant yn rhywle arafu, ac wrth ddechrau ymryddhau gallem dystio fod y llawr filltiroedd oddi wrthym. Ar ôl disgyn i'r ddaear roedd pob un yn rhy benysgafn i sefyll ar ei draed, yn llipa a thawedog ac wedi'i ddychryn.

Diflas fu gweddill y diwrnod, neb eisiau bwyta, ac ni wariwyd yr un geiniog arall ar ddim, ac wrth ddychwelyd yn y bws ni chlywyd y canu a'r hwyl arferol. Credaf i rai ohonom fod am ddyddiau lawer cyn dod dros hunllef y 'Rotor'.

Hwn oedd ein trip olaf i'r Rhyl; daeth teithio mewn car yn haws, ac aeth pawb rywsut yn fwy annibynnol, a'r asiantaethau hysbysebu teithiau sy'n trefnu gwyliau y mwyafrif bellach. Mae llawer o blant wedi bod mewn gwahanol rannau o'r byd cyn gadael yr ysgol gynradd, a minnau'n bedair ar hugain cyn gweld Llundain am y tro cyntaf. Ac eto, fe gollwyd yr hen gymdeithas agos ac, yn fwy na dim, yr edrych ymlaen at glywed y geiriau, 'Yr wythnos nesaf byddwn yn trafod mater y trip'.

Y trip olaf i'r Rhyl. O'r chwith i'r dde: David Lloyd Davies, Enoch Jenkins, John Jones, Alwyn Morris, fi, David Jones, John Morris, Ieuan Evans, Alun Evans, Islwyn Lake, Ithel Jones, F.M. Jones, Gwilym Jenkins

CADW DY LYGAD
AR Y BLWMEN!

Cynhelid Cymanfa Ganu Annibynwyr Gogledd Ceredigion ar y dydd Mercher cyntaf ym Mai yn Seion, Aberystwyth, ac ym Methel, Tal-y-bont, bob yn ail. Cofiaf Dr Caradog Roberts yn arwain droeon, a byddai bob amser yn rhoi datganiad ar yr organ.

Byddai'r cantorion wedi ymarfer eu lleisiau yn yr ysgol gân wythnosol, a chynhelid dwy rihyrsal o'r holl eglwysi yn nechrau'r gwanwyn, i feistroli'r tonau diarth ac i ymarfer yr anthem. Wedyn, i'r plant, byddai llawer o waith paratoi at yr arholiadau llafar ac ysgrifenedig, a'r cyfan yn rhan o weithgareddau'r gaeaf.

Cofiaf yn dda am un o'r cymanfaoedd hyn yn Nhal-y-bont; dau ifanc fel rheol wedi ennill ychydig brofiad fyddai'n chwythu'r organ yn y bore, a chyhoeddwyd y Sul blaenorol mai Deric a minnau fyddai'r ddau chwythwr swyddogol yn y gymanfa honno. Adwaenir y Deric hwnnw bellach fel y Parch F M Jones, Abertawe.

Saif yr organ y tu cefn i'r pulpud, ac o'r astell uchaf un estynnai braich fel megin gof, tua phedair troedfedd o hyd, a llenni o'i blaen rhag i'r gynulleidfa weld ystumiau ambell chwythwr gor-ddramatig. Uwchben y fraich roedd pwt o blwmen yn hongian wrth linyn main, a dau farc du tua naw modfedd oddi wrth ei gilydd; cyngor pob hen law i'w brentis fyddai 'cadw dy lygad ar y blwmen', a gem o gyngor oedd hwnnw. Pe chwythid yn rhy filain byddai sŵn y gwynt yn rhuo fel taran wrth ddianc i'r gwagle yn y cefn, ac os byddai'r chwythu'n rhy araf buan y clywid nodau'r organ yn gwanhau, ac yn sydyn rhoddai un pwff o ebychiad cyn tawelu'n gyfan gwbl. Pe digwyddai hynny (nid yn aml, mae'n wir) byddai'r tawelwch sydyn yn taro'r gynulleidfa fel sioc, gan amharu ar y canu ac yn sarhad ar y chwythwr; felly, y gamp oedd cadw'r blwmen rywle tua'r canol.

Roedd y ddau ohonom yn ein lle yn gynnar y bore hwnnw, a difyr oedd llygadu'r plant a ddeuai o'u gwahanol eglwysi, pob mintai yn cadw'n agos at ei gilydd; wedyn deuai'r oedolion, a rhai o'r cewri ffyddlon a roddai ddiwrnod cyfan iddi. Cerddai John James, yr ysgrifennydd diwyd, o'r sêt fawr i'r drws yn nerfau i gyd, gan wneud yn siŵr nad âi dim o'i le, ei bocedi'n llawn o raglenni i'w gwerthu ar y funud olaf, cyn y byddai'n esgyn i'w gôr ar y llofft i ymlacio a chanu. Un arall y mae gennyf go' da amdano oedd Lloyd yr ocsiwnïer, gŵr tal, llydan ei ysgwyddau a ffraeth ei dafod ynghanol ffermwyr; gwnâi yn siŵr na fyddai'r un ocsiwn na mart yn cyd-daro â dydd y Gymanfa.

Wedyn dyna i chi Defi John Edwards, y masnachwr glo lleol, yn daclus fel pìn mewn papur yn ei siwt ddu a streipiau gwynion, a phâr o gyfflincs yn sgleinio fel dwy sofren. Aeth at ei feddyg flynyddoedd yn ôl hynny yn achwyn poen yn ei ben-glin, a hwnnw'n awgrymu'n ddidaro, 'Be dach chi'n ddisgwyl, eich oedran, eich oedran,' ac yntau'n ateb – 'Wel Doctor, sut ma' hyn yn bod, chi'n deall ma'r ben-glin arall yr un oedran ond ma' honno'n iawn'. Ond ar fore'r Gymanfa eisteddai ar flaen y galeri a'i lais yn sylfaen saff i'w gyd-faswyr.

Cofiaf mai Dr Haydn Morris oedd yr arweinydd gwadd, ac aeth y cyfan ymlaen yn ddigon hwylus yn yr hanner cyntaf nes cyrraedd at yr egwyl, ac fel y digwydd yn aml, trodd y gymanfa ganu yn gymanfa siarad. Cafwyd anerchiad hir gan y Llywydd, aed drwy'r

Defi John Edwards, arweinydd y baswyr, ar ddiwrnod y Gymanfa Ganu

31

rhestr faith o fuddugwyr yr arholiadau llafar, y cyhoeddiadau a'r diolchiadau manwl. Erbyn hyn roedd Deric a minnau'n cynnal ein seiat fach ein hunain ac wedi anghofio'r cyfan am y gymanfa. Yr arwydd cyntaf ddaeth â ni'n ôl at ein cyfrifoldeb oedd gweld Defi John ar ei draed yn saethu'i fys tuag atom ac yn dweud yn uchel,

'Rhowch chi dipyn o wynt i fyny fan'na, os gwelwch yn dda.'

Un naid hir, cyn bod y ddau ohonom â'n dwylo ar y fegin, ac yn chwythu'n ddidrugaredd. Mae'n debyg bod y siarad drosodd ers tipyn, yr arweinydd ar ei draed wedi cyhoeddi a darllen yr emyn nesaf, ei law a'i fatwn yn chwifio yn yr awyr ac wedi gofyn ddwywaith, '*Chord please; chord, please*', ond yr organ yn fud!

Tu ôl i'r llenni brown y bu'r ddau ohonom am weddill y bore hwnnw yn cuddio mewn cywilydd ac euogrwydd, a bu digon ar y diwedd yn barod â'u tynnu coes a'u dwrdio diniwed, ond chwarae teg i Miss Jenkins, hen athrawes garedig a ddaeth i'n hamddiffyn yn ei llais dwfn: 'Ro'n nhw wedi enwi pawb yn y diolchiade ond y ddau hogyn a chwythai'r organ – ond fe welson ni nad oedd yr arweinydd na'r organyddion yn dda i ddim hebddynt.'

Manweb sy'n gofalu am ysgyfaint yr organ ers blynyddoedd bellach. Cododd cenhedlaeth newydd, ac mae chwythu'r organ mor ddiarth iddynt â goleuo cannwyll frwyn. Ond erys y geiriau 'cadw dy lygad ar y blwmen' yn fyw o hyd yn y cof.

YR INJAN DDYRNU

Pan oeddwn yn blentyn byddwn yn edrych ymlaen at y diwrnod pan ddeuai'r injan ddyrnu ar ei siwrnai flynyddol i fyny'r cwm, a hynny ychydig cyn y Nadolig. Hanner dwsin o geffylau cryfion o'r ffermydd cyfagos yn tynnu'r dyrnwr, a byddai gofyn am ragor i lusgo'r boiler trwm. Ambell geffyl yn strancio a phlycio, tresi'n torri a sŵn gweiddi yn hollti'r awyr, a byddai'r perchennog – Dafydd Dafis, brodor o Lanegryn, neu 'Dei bach yr injan' fel y gelwid ef gan bawb – yn camu'n fân ac yn fuan y tu ôl i'r boiler, gyda sgotsien bren ymhob llaw yn barod i'w taro wrth y ddwy olwyn pan fyddai angen hoe ar ambell riw. Roedd yn werth gweld y ceffylau, pob un wedi'i frwsio a'i sgraffellu'n ofalus, eu cynffonnau wedi'u plethu'n gywrain, a rhes o addurniadau pres fel medalau ar bob ffrwyn a gwar, ac ambell geffyl sbriws wedi bwyta'n hael o'r badell geirch yn lluchio'i bedolau ôl i'r gwynt.

Yna, y noson fawr pan gyrhaeddai'r orymdaith ein hydlan ni, a hynny gan amlaf yng ngolau'r lamp stabal. Wedi gosod y dyrnwr yn ei le a'r boiler o'i flaen, a gweld fod pob dim yn rhedeg yn esmwyth, taflu'r tarpwlin mawr glas dros y cyfan, ac yna'r noson honno – ac am nosweithiau os byddai'r tywydd yn wlyb – byddai Dafydd Dafis megis rhyw ŵr gwadd yn lletya ar ein haelwyd. Rhyw bwtyn soled ydoedd, ysgwyddau llydain, côt ledr ddu amdano, a chlamp o joien siâg bob amser yn belen o gylch ei dafod. Ar ôl golchi llwch y dydd oddi ar ei wyneb ac eillio'n lân, a chael pryd iawn o swper, fe'i gosodai ei hun yn gyfforddus ar y setl dderw o flaen tanllwyth o dân, a ninnau'n deulu bach yn eistedd o'i flaen i wrando ar y Gamaliel hwn yn traethu – traethu profiadau'i fywyd, troeon trwstan, hanes cymeriadau, cynaeafau'r flwyddyn, y digri a'r difri, y da a'r drwg, a'r cyfan yn byrlymu dros ei wefusau, gydag ambell boerad yn saethu fel coma i'r tan, wedyn gêm neu ddwy o ddraffts cyn troi am y daflod.

Byddai pawb ar eu traed ymhell cyn y wawr, y godro a'r gwaith arferol gyda'r anifeiliaid wedi'i orffen yn llawer cynt nag arfer, a chawn innau bardwn i golli'r ysgol ar ddiwrnod dyrnu. Gwelid Dafydd Dafis yn llygadu'r awyr yn ofalus wrth chwilio cyfeiriad y gwynt; oedi ar fore amheus, ond os byddai'r argoelion yn addawol, yna cynnau tân yng nghrombil tywyll y boiler gyda hanner tunnell o lo wrth law i'w fwydo drwy'r dydd, a'm gwaith innau fyddai cario dŵr i'r stwc odano. Roedd yn rhaid wrth dân a dŵr i gadw'r cyfan i fynd.

Pan fyddai'r boiler wedi poethi digon, clywid sŵn ei hwter yn diasbedain dros y cwm, yn arwydd i'r cymdogion ei bod yn amser iddynt hel eu traed. Gwelid hwy'n dod yn gynrychiolaeth gryno o'r ffermydd cyfagos yn barod â'u cymorth, a ninnau yn ein tro yn dychwelyd i dalu'r pwyth yn ôl. Cyfarchion siriol, ambell stori ffres, a phaned o de cyn dechrau, a phob un yn gwybod ei dasg cyn gwasgaru fel chwaraewyr pêl-droed yn barod am y gic gyntaf. Gwelid dau go heini â'u cyllyll poced miniog ar fwrdd y dyrnwr yn torri rhaff pob ysgub, cyn eu taflu â'u brig i lawr i ddwylo'r sawl a fyddai'n bwydo'r drwm. Byddai dau ar y wanaf yn taflu'r ysgubau i'r bwrdd, a'r llygod bach a'r rhai ffrengig yn chwilio am le i ddianc cyn cael eu dal gan y cŵn. Eraill yn derbyn y gwellt a'i wthio trwy gafn yr injan siaffio, a phedwar neu bump yn cludo'r siaff mewn sachau enfawr i'r ysgubor lle byddai eto ddau neu dri o'r rhai hŷn yn ei ddamsang yn galed wrth gerdded drosto drwy'r dydd, tra bod y gweddill yn cario'r ceirch a'r barlys i'w gwahanol fingoedd yn y storws. Byddai Dei bach yn bwrw llygad gofalus dros y cyfan, gan wneud yn siŵr fod pob strapen yn dynn, ac aros i hogi'r injan siaffio cyn y byddai'r gwellt yn dechrau rhaflo, yn arbennig os câi'r cyllyll ambell garreg annisgwyl.

Yn ystod munudau'r hogi byddai'r rhai ieuengaf yn chwarae gêm o *pitch and toss,* sef anelu ceiniogau neu ddimeiau at bwt o bren. Byddai'r sawl fyddai wedi'u taflu agosaf yn gafael yn y cyfan, ac yn eu hysgwyd yn dda cyn eu taflu i'r llawr, a phob un a ddisgynnai hefo'r pen i fyny, ef fyddai'n eu pocedu. Yna gwnâi'r nesaf yr un peth nes diflannai'r geiniog olaf, yna ymlaen at y gêm nesaf a phawb ar ddiwedd y dydd yn ddigon cyfartal, a neb yn fawr tlotach.

Pan ddôi'r alwad i ginio, byddai'r dyrnwr mawr yn tewi, a deunaw pâr o sgidiau hoelion yn cyfeirio'n awchus at y tŷ; dau fwrdd wedi'u hymestyn a phawb yn barod ar gyfer y wledd frenhinol o gig eidion blasus, a llysiau amrywiol wedi'u tyfu gartre ac, i orffen, plataid yn llawn o bwdin reis ffwrn-wal i bob un. Ar ôl gorffen ciniawa, pawb yn codi fel haid o betrys, ac ailafael yn y gwaith gan brysuro i orffen cyn y glaw neu'r nos. Roedd Dei bach yr injan fel rhyw sipsi crwydrol yn codi'i bac cyn symud ymlaen i'r ydlan nesaf, a phob cymydog yn dilyn ei lwybr tuag adre yn dawel a blinedig. Hwyrach y byddai un neu ddau yn oedi i edmygu'r pentwr siaff a lanwai un ochr i'r ysgubor fel talcen craig, a byseddu'r ceirch a'r barlys yn eu bingoedd yn y storws.

Ar ôl gadael yr ysgol bu'n rhaid i minnau ddilyn yr hen injan o fferm i fferm, a hynny am flynyddoedd. Roedd un fferm lle byddai'r wraig bob amser yn sefyll ger y drws gan gyfeirio rhywrai arbennig yn ei golwg at fwrdd yn yr ystafell ffrynt, a throi'r gweddill ohonom i'r ystafell gefn; dyna'r unig dro erioed i mi weld didoli gweithwyr fel anifeiliaid. Croeso a chinio gwerth chweil fyddai'n ein disgwyl ym mhobman, ac eithrio un lle na chaem ond te, bara menyn a chig oer. A hithau un tro yn ddiwrnod rhewllyd, euthum at gefn y dyrnwr, sychu'r llwch a sgrifennu â phensil:

Ma' te a chig ar ddiwrnod cas
Yn ddiflas anghyffredin;
Yn ...., waeth dweud yn blwmp,
Ni chewch na stwmp na phwdin.

Bellach, mae'r diwrnod dyrnu ymhlith a fu, daeth newid mewn amaethu ac aeth pawb rywsut yn fwy annibynnol. Nid oes angen hiraethu ar ôl yr hen injan, y llwch a'r gwynt drafftiog a'r stelcian poenus yn yr oerfel pan dorrai rhyw strapen neu bìn, ond trueni na ellid fod wedi cadw tipyn o rawn gyfoethog yr hen gymdeithas gynnes, Gymreig honno a aeth ar goll!

Y NEWID MEWN AMAETHU

Ni wneid dim ar y Sul ond yr hyn oedd raid; byddai'r siaff a'r pwlp swêds wedi'u paratoi brynhawn Sadwrn ac ni feddyliai Mam am hyd yn oed lanhau esgidiau ar y diwrnod hwnnw.

Cofiaf un Medi a'r tywydd yn ansefydlog a llond cae-bwlch o geirch melyn yn eu staciau yn barod i'w gywain; roedd yn noson olau leuad braf, ond y 'cylch ymhell' yn darogan 'glaw yn agos'. Bu fy rheini a minnau'n brysur drwy'r nos yn mydylu; roedd cael y cyfan i'w fydylau taclus cystal â'u bod yn yr ydlan, a chadwai'n sych am wythnosau lawer.

Tyfem ein llysiau i gyd, yn datws, moron a swêds, ac weithiau yn nechrau haf a'r chwyn wedi cael y trechaf arnynt ac yn eu tagu, byddwn am ddyddiau â sachau wedi'u clymu â chordyn beindar am fy mhenliniau, yn llusgo fel malwen drwy'r rhesi yn eu plycio a hynny heb amharu ar y llysiau eiddil. Cadwem ddau fochyn yn y twlc a digon o gig wedi'i halltu i'n cynnal am fisoedd. Trannoeth lladd mochyn, byddem yn rhannu darnau o'r asen fras i'n cymdogion a hwythau yn eu tro yn talu'r pwyth yn ôl, a byddai'r ffagots yn wledd amheuthun am ddyddiau. Heddiw, syndod yw gweld cynifer o wragedd ffermydd yn prynu hyd yn oed laeth yn yr archfarchnadoedd, a fawr neb yn tyfu ŷd na dim o'r hen lysiau blasus.

Pan gyhoeddwyd yr Ail Ryfel Byd daeth yn orfodaeth i blannu swm penodol o datws a bu'n rhaid i'n fferm fechan ninnau neilltuo dwy acer at hynny. Ac ar ôl agor y rhesi a chodi'r cyfan yn yr hydref, eu crynhoi'n domen enfawr yn y storws neu ddarn o'r ysgubor, ac ar ddyddiau gwlyb ac oer yn y gaeaf byddai fy nhad a minnau bob un ar ei stôl odro yn dethol y tatws gorau, eu pwyso a'u harllwys i sachau yn barod i'w gwerthu, cadw'r rhai llai i'w plannu y gwanwyn canlynol, a storio'r gweddill i'w berwi yn y tŷ pair, i'r moch. Weithiau, fodd bynnag, byddai'r llygod mawr wedi cael y blaen arnom a chreu tipyn o lanast. Tail cartre, ciwana, slac a chalch a ddefnyddiem i wrteithio'r tir, felly roedd pob bwyd yn iach a diberyg cyn dechrau defnyddio'r cemegau a'r gwrtaith tramor a chreu erbyn hyn pob math o broblemau a hunllef drwy'r wlad.

Beinder y Cownti ddaeth â'r tractor cyntaf i'r cwm i dorri ŷd ar fferm un o'm cymdogion, a hynny ar brynhawn Sul. Roedd fy nhad yn benwan wrth glywed y sŵn yn torri ar dawelwch y diwrnod, a bu'r cymydog hwnnw hefyd yn teimlo'n swil i wynebu ei ffrindiau am rai dyddiau, ond dyna'r ysgytiad cyntaf i'r hen ffordd o fyw pan ddaeth technoleg i ddisodli oes y ceffyl a'r cerdded rhwng cyrn yr arad. Daeth geirfa newydd, a go brin fod fawr neb o blant heddiw a ŵyr beth yw strodur a chwlltwr, swch a chambren.

Cyn diwedd y tri degau roedd y weiarles wedi ein cyrraedd ninnau, ac am y tro cyntaf yn hanes y cenedlaethau a fu'n byw yn Wern-deg daeth y Saesneg i'r aelwyd. Roedd ei batri sych yn para am rai misoedd, ond byddai'n ofynnol cario'r ddau wlyb bob yn ail yn eu poteli trwchus i'w llenwi, a'r rheiny'n drwm a lletchwith.

Mam, gyda Brown, y ceffyl gwedd

Ymhen blynyddoedd dyma brynu car, hen Austin 10, a'r petrol yr adeg honno tua phedwar swllt y galwyn. Yn ddiweddarach, cyrhaeddodd y tractor bach Ffyrgi, a'r ffôn, ond yr hyn a newidiodd ein bywyd yn gyfan gwbl, a'i ysgafnhau, fu cael y trydan i'r cwm. Teimlem ein bod bellach ynghanol yr oes fodern, ac nid oedd angen y gannwyll wêr na'r lamp baraffin. Collwyd ffrwtian yr hen degell mawr du oedd bob amser yn hongian uwchben y tân, a daeth y tegell bach gloyw i'w ddisodli. Bore trist oedd hwnnw pan werthwyd y ceffylau a'u hebrwng i ben y lôn i gyfarfod y lorri ddiarth.

A nhad wrth roi ei law i'r prynwr clên...
Yn gwerthu mwy na phâr o gesig hen.

Teimlwn i mi golli ffrindiau oes – a phwy fedr siarad ac adrodd darnau o farddoniaeth yn uchel wrth dalp o beiriant?

Un o'm hoff raglennni teledu ddaw â hanner awr o chwerthin iachus i mi yw *Dad's Army,* ac mae'r Capten Mainwaring yn enghraifft berffaith

Y Ffergi bach, fi, nhad a mam, a Mot y ci

o'r fyddin chwarae-plant y bu'n rhaid i mi ymuno â hi yn ystod y rhyfel. Awn atynt i'r neuadd ambell noson pan gofiwn, heb unrhyw ddiddordeb gwrando ar ryw swyddog neu'i gilydd yn trafod y gwahanol ddrylliau, ond gwrthodais ymuno â nhw ar y Sul. Dyna'r prynhawn y cerddent i fyny ac i lawr y pentre; byddwn innau'n mynd heibio iddynt i'r Ysgol Sul lle'r oeddwn yn athro ac ysgrifennydd, ac roedd fy ngweld yn codi gwrychyn amryw ohonynt.

Y Parchedig Fred Jones, gweinidog Bethel, Tal-y-bont, 1926–48

Cefais fy rhybuddio droeon y cawn fy ngalw i gyfri am esgeuluso'r fath gyfrifoldeb, ac fe ddaeth gwŷs i ymddangos o flaen rhai o'r penaethiaid mewn rhyw lys oedd ganddynt yn eu pencadlys yn y Bow Street. Yno yr eisteddai rhes ohonynt, pob un mor bwysig â'i gilydd. Dechreuwyd fy holi yn Saesneg, ond gwrthodais ateb gan fynnu cael trafod fy achos yn Gymraeg, a dyna godi helynt a chynnwrf. Ond, er pob bygythiad haerllug, gwrthodais ildio – a hynny ymhell cyn bod sôn am Gymdeithas yr Iaith. Roeddwn i ymddangos drachefn, ond ni ddaeth dim ohono. Credaf iddynt ofni fod a wnelo fy ngweinidog, Fred Jones, â'm safiad; nid oedd yr un ohonynt yn ddigon dewr i wynebu'r cawr hwnnw, er nad oedd a wnelo ef â'r peth yn uniongyrchol. Roedd wrth ei fodd yn clywed yr hanes, a heb amheuaeth bu ei weinidogaeth yn symbyliad mewn llawer cyfeiriad, yn arbennig felly dros ein diwylliant a'n Cymreictod.

Felly roedd ymuno â Phlaid Cymru yn ifanc iawn mor naturiol i mi ag yw dŵr i hwyad. Oni ddylai pob un ohonom sy'n Gymry roi'r flaenoriaeth i'n hiaith a'n cenedl ein hunain? Cofiaf y diweddar Clement Davies, pan oedd yn Aelod Seneddol dros Faldwyn, yn dweud mewn anerchiad o lwyfan Eisteddfod Powys, 'Peidiwch â disgwyl i Lundain wneud dim dros Gymru, rhaid i chi sefyll ar eich traed eich hun'. Rhyw hanner dwsin ohonom ar y mwyaf fyddai'n cyfarfod fel cangen, sef y Parchedig Fred Jones, ei ferch Enid, a fu'n brifathrawes un o'r ysgolion Cymraeg cyntaf yng Nghaerdydd, a Lewis Morris, perchennog y ffatri wlân. Yn ei ffatri ef y byddem yn llenwi dau fatri gwlyb y weiarles, ac roedd cyfeillgarwch fy rhieni â'i deulu yntau'n ymestyn yn ôl dros sawl cenhedlaeth. Yna Huw Huws, ffermwr a bardd o Dynrhelyg, yn yr un cwm â minnau, a chaem gwmni ein gilydd yn aml – gŵr diwylliedig iawn a roes wasanaeth amhrisiadwy i'w filltir sgwâr – a minnau, yr ieuengaf o'r cwmni. Deuai gwahanol siaradwyr amlwg i'n cyfarfodydd, yn cynnwys J E Jones, a braint fu croesawu am y tro cyntaf Gwynfor Evans, ac yntau'n ŵr ifanc llawn brwdfrydedd. Ni wn am neb a wnaeth gymaint dros ein cenedl yn wyneb pob casineb, a chlywais ef droeon mewn ambell sgwrs yn sôn am ei gyd-gynghorwyr yn ei fychanu, ac yntau yn ei ddull boneddigaidd yn parhau i sefyll fel derwen. Bûm yn beirniadu droeon yn Eisteddfod Llangadog, a gynhelid dros ddeuddydd ar wythnos y Pasg, gan letya ar fferm cymdogion iddo, ac roedd pawb yn yr ardal â'r parch uchaf i'w arweiniad. A phwy all fyth anghofio'r llawenydd drwy'r wlad y bore yr etholwyd ef i'r Senedd? Un o ddynion mawr yr ugeinfed ganrif, a'm harwr innau! Bu rhai pobl yn ceisio perswadio fy rhieni i mi beidio â pherthyn i'r 'hen Welsh Nationalists yna' gan edrych arnom fel pe baem wedi cyflawni rhyw droseddau difrifol.

Mae'n debyg i mi, a fagwyd yn hanner cyntaf y ganrif ddiwethaf, weld y newid mawr mewn dau fyd – os nad mewn dau wareiddiad – ac yn y byd amaethyddol ceir hynny'n amlwg iawn. Go brin bod llawer o newid wedi bod dros sawl cenhedlaeth; roedd dyn wedi dofi anifail a thrin y tir mewn modd llafurus, dilyn arad bren, defnyddio ffust, cryman a phladur, a cheir llusg eitha bregus eu golwg, ond yn sydyn – fel haul yn torri trwy gwmwl – wele'r oes fecanyddol yn dwyn ei pheiriannau hwylus y naill ar ôl y llall, gan ysgafnhau pob gwaith a hynny, diolch byth, er gwell, a'r un yw'r newid syfrdanol mewn gwahanol feysydd eraill. Yr unig ddiffyg fu colli'r bywyd hamddenol a chymdeithasol am ruthr gwyllt y presennol lle ceir pawb yn annibynnol heb amser i feddwl a myfyrio.

Ithel Jones, I R Jenkins, Gwynfor Evans a minnau ar achlysur cyflwyno englyn o'm gwaith wedi ei fframio i Dr Gwynfor Evans ar ran cangen Tal-y-bont o Blaid Cymru, Medi 1980

> *Gŵr annwyl, gwiw arweinydd – ei fawredd*
> *Glodforwn o'r newydd;*
> *Ni phaid ei egni a'i ffydd*
> *Na'i boen dros Gymru beunydd.*

41

PRIF DDYDDIAU'R FLWYDDYN

Pan oeddwn yn blentyn, ychydig a olygai'r Nadolig i mi; byddwn yn derbyn afalau a dau neu dri oren yn fy hosan, ac yn hollol fodlon ar hynny. Deuai rhai cardiau oddi wrth deuluoedd fy rhieni, ond roedd y diwrnod ei hun yn ddigon tawel ac weithiau yn yr hwyr cynhelid eisteddfod fechan neu ddarlith yn y capel. Doedd y Nadolig ond yn rhyw ddydd Sul ychwanegol yn yr wythnos cyn i'r masnachwyr weld eu cyfle a'i throi yn Ŵyl y gwario gwastraffus.

Roedd apêl y Calan yn llawer mwy, yn arbennig y noson cynt – neu'r *Watchnight* fel y gelwid hi. Dyma'r noson pryd y byddai'r ardal gyfan yn troi allan i fwynhau. Caed te i'r plant ac ymweliad gan Siôn Corn, yna gwledd i'r oedolion – a'r dynion gan amlaf yn gweini. Byddwn innau'n casglu doniau amrywiol at ei gilydd a threfnu rhyw ddwyawr dda o Noson Lawen, a gwneud hynny'n hollol ddidrafferth gan fod digon i gymryd rhan. Byddai Gwilym Ty'n-graig ac Alun Rhyd-fach yn barod i gyflwyno rhyw ddwy neu dair sgets, a Dei Pen-rhiw yn fwy na pharod i ganu. Enillodd Dei gannoedd o wobrwyon mewn eisteddfodau am ganu. Roedd ganddo lais bariton arbennig o gyfoethog, a cholled fawr fu ei farwolaeth rai blynyddoedd yn ôl. Ychydig cyn hanner nos byddai un o'r gweinidogion yn cynnal oedfa fer i ffarwelio â'r hen flwyddyn ac i groesawu'r newydd ac yna, yn sŵn cyfarchion Blwyddyn Newydd Dda, pawb yn gwasgaru. Byddai Gwilym, Defi Tŷ Hen a minnau'n ffurfio triawd a cherdded ar draws y ddau gwm i'r gwahanol ffermydd i gasglu calennig. Go brin bod neb yn cael ei ddenu i'r ffenest gan ein canu swynol, ond caem groeso cynnes ac ystyrid bod rhywbeth ar goll heb i rywrai fod yn canu yn ystod y nos. Yna, nos Calan, eisteddfod fawr yn Neuadd y Brenin, Aberystwyth, er na fyddai fawr o hwyl ar gystadlu o gofio ei bod tua phedwar o'r gloch y bore cyn mynd i glwydo ar ôl noson brysur a cherdded nifer o filltiroedd.

David Lloyd Davies (Dei Pen-rhiw, Tal-y-bont) a enillodd gannoedd o wobrwyon mewn eisteddfodau. Roedd ganddo lais bariton arbennig o gyfoethog.

'Mis cwta, cwta, o ffair Tal-y-bont hyd ffair Calangaea.' Dyna bwt o rigwm a glywid yn fynych yng ngogledd Ceredigion, ond aeth y ffair honno a gynhelid ar 17 Hydref i blith a fu, ac nid oes neb bellach yn cofio'r rhesi stondinau'n ymestyn o sgwâr y pentre hyd Faesnewydd, na'r baledwyr a ddeuai yno i ganu a gwerthu eu gwaith. Ond roedd i Galangaeaf le amlwg yn y byd amaethyddol; dyma'r adeg y byddai pob gwas a morwyn yn gorfod dewis rhwng aros a mynd. Er y byddai sibrydion o bob math yn cerdded o ardal i ardal, erbyn 13 Tachwedd gwelid llawer un yn casglu'i eiddo i'r gist felen, ac yn gadael tua chanol dydd, a byddai pawb yn gwybod pwy fyddai wedi codi'i becyn a phwy oedd am wynebu blwyddyn arall. Credai llawer lle bynnag y byddai'r gwynt y noson cyn Calangaeaf mai yno y byddai hyd Ŵyl Fair; os o'r de y chwythai, byddai siawns am aeaf gwlyb a thyner, ond os o'r gogledd neu'r dwyrain gellid disgwyl misoedd go egr. Byddai John a James, brodyr Nant-y-moch, yn adrodd am hen fugeiliaid Pumlumon yn casglu at ei gilydd i le arbennig y noson honno ar y mynydd gan gymaint eu ffydd yn y gwynt.

Roedd y tri Llun Calangaeaf yn ddyddiau pwysig, y cyntaf ohonynt yn ddiwrnod cyflogi, a byddai Stryd Fawr Aberystwyth yn llawn o fechgyn a merched yn sefyllian am oriau yn y gobaith y deuai rhywun cyn nos i'w cyflogi. Byddai'r ffermwyr yn y dre yn fwy bore nag arfer, yn cerdded i fyny ac i lawr y stryd gan lygadu'n ofalus cyn penderfynu pwy fyddai'n debygol o fod yn was neu'n forwyn orau iddo. Wedi bargeinio, estyn swllt o ernes. Gobeithiai pawb fod yn ddigon ffodus i gael lle ar eu Llun cyntaf, gan y byddai'u siawns yn wannach ymhen wythnos; gallai beri amau cymeriad, ac roedd digon o dafodau prysur bob amser i roi aden i stori.

Yr ail ddydd Llun fyddai'n denu'r tyrfaoedd, yn arbennig yr ifainc, a'r ffair wrth gwrs yn brif atyniad, gyda rhyfeddod ambell sioe yn destun siarad am wythnosau a hanner coron yn ymestyn ymhell. Ar y trydydd Llun, gwelid mwy o'r bobl hŷn yn heidio tua'r dre a'r gwragedd yn eu dillad llaes hynafol, ond yn graff i fusnes, gan gerdded o siop i siop i brynu toreth o ddeunydd dillad i'r teulu erbyn y gaeaf. Byseddu pob dilledyn yn ofalus, ac wedi gorffen siopa cwpaned o de a chlonc yn y Swan cyn troi am adre gyda roc Pwllheli ac *Almanac y Miloedd* yn saff yn y fasged.

HEN ŶD Y WLAD

Chwith fu colli o'n cymdeithas wledig y cymeriadau unigryw hynny a dyfodd o ddaear eu mebyd heb gael eu moldio gan unrhyw system addysg na dylanwadau allanol, ond â rhyw nodweddion arbennig yn perthyn iddynt – eu hiwmor a'u diniweidrwydd – ac eraill yn ddiwylliedig a darllengar neu'n ymddiddori mewn cerdd a chân.

Roedd John bach Bont-goch – dyna fel y byddai pawb yn ei adnabod – yn un o nifer o blant ac yn hollol anllythrennog, gan siarad braidd yn blentynnaidd heb ynganu'i eiriau'n glir iawn. Bu'n gweithio am flynyddoedd ar ffermydd y fro, ac er na ellid rhoi llawer o gyfrifoldeb iddo roedd yn gydwybodol a charedig wrth anifeiliaid. Bu wedyn gyda'r Comisiwn Coedwigaeth. Bob prynhawn Sadwrn deuai i lawr ar ei feic i Dal-y-bont, yna ymlaen ar y bws i Aberystwyth gan alw yn rhai o dafarndai'r dre cyn dychwelyd a gorffen ei noson yn y ddau Lew yn y pentre. Yna byddai'n dechrau gwthio'i feic i fyny'r rhiw, ac ar ôl rhyw chwarter awr cael seibiant ym môn y clawdd. Dyna lle y deuwn innau ar ei draws o bryd i'w gilydd wrth ddychwelyd o ambell eisteddfod.

Aros, a mynd allan o'r car, ac yntau heb wybod pwy oeddwn. 'Fi ol reit, fi ol reit, O! ti sy 'na!' Codi'i feic i gwt y car, a'i roi i eistedd yn y sedd flaen, ac er mynd rai milltiroedd o'm ffordd, gwell hynny na'i adael allan drwy'r nos.

'Ti gwd boi bach, fi talu i ti.'

'Na, dim o gwbl, lle buost ti heddi?'

'Bues i yn y dre yn gweld ffwpol.'

'Pwy o'dd yn chware?'

'Fi ddim yn gwbod; ro'n nhw yn cael hoe pan es i mewn, ond weda i wrtho ti pwy enillodd – y tîm o'dd yn cico agosaf at y stesion.'

Dro arall roedd wedi cael wats newydd.

'Fi wedi ca'l wats newydd ac yn lwcus wedi ca'l ca'-dan-tŷ hefo hi,' meddai, ond wedi holi'n fanylach, garantî oedd y fargen a gafodd!

Un tro ar ei ymweliad â'r dre rhaid ei fod wedi yfed yn drymach nag arfer neu fod rhywun wedi gwneud ffŵl o'r creadur bach, oherwydd aed ag ef i'r ysbyty yn anymwybodol. Pan ddeuthum ar ei draws y tro wedyn meddai, 'Ti'n gwbod es pan gweles i ti, fi wedi bod yn hopital'.

'O! Beth o'dd yn bod?'

'Ces i ofan — pan nes i ddeffro yn yr hopital a gweld lot o ferched mewn gwyn yn cered 'nôl a mla'n, ti gwbod o'n i'n credu a gweud y gwir wrtho ti bod fi yn y nefo'dd!'

Ie, John bach Bont-goch gonest a diniwed!

Cymeriad gwahanol oedd Twm Jenkins oedd yn byw gyda'i fam Sarah, mewn tŷ gyda'r mwyaf aflêr yn y wlad. Bu am flynyddoedd yn teithio gyda'i drap a'i ferlen i gyfarfod y *mail* i'r Llandre erbyn chwech o'r gloch y bore. Nid oedd ganddynt yr un math o gloc, ond gan na fyddai'r hen wraig byth yn mynd i'w gwely, dim ond hanner cysgu yn y gadair, byddai'n gwybod yr amser i ddeffro Tom yn ôl nifer y canhwyllau a fyddai wedi'u llosgi yn ystod y nos. Byddai bob amser yn cadw milgi a beic modur, ac un tro, wedi bod wrthi'n ailosod un o'i feiciau wrth ei gilydd a hynny yn y parlwr, dyma danio'r peiriant nes bod y tŷ'n crynu a'r mwg yn llenwi'r lle, ond yn anffodus nid oedd yn bosib ei gael allan gan fod ffrâm y drws yn llawer rhy gul. Bu hefyd am flynyddoedd yn bostman, ond gan y byddai'n eistedd i siarad ymhob tŷ y galwai ynddo byddai'n nos arno'n cyrraedd y ffermydd pellaf.

Yn ystod yr Ail Ryfel Byd roedd cadfridog yn Rwsia o'r enw Timosienco a'i enw yn y newyddion yn ddyddiol. Roedd rhywun wedi plannu ym mhen Tom mai Tomos Jenkins oedd ei enw gwreiddiol a'i fod yn gefnder i'w dad, a bu'n ymffrostio wrth bawb am ei berthynas â'r Rwsiad hwnnw.

Ond diddordeb pennaf Tom oedd canu, ac roedd ganddo gôr plant gyda'r gorau, gan ennill ym mhrif eisteddfodau'r dydd; byddai yntau'n cerdded i'r llwyfan mewn siwt frethyn, dau glip beic yn clymu gwaelod ei drowser, a chlamp o fwffler am ei wddf – y mwyaf annhebyg i arwain. Byddai'r iaith ychydig yn arw weithiau, a phan fyddai'r côr yn barod i ganu ac yntau'n sefyll o'u blaenau, ei gyngor olaf fyddai, 'Canwch fel angylion, y diawled bach'. Ac fe wnaent! Rhyfeddod o ddyn oedd Tom, heb unrhyw uchelgais ond bodloni ar ei filgi, ei feic modur a'i gôr plant.

★ ★ ★

Heddiw, os bydd anifail yn dangos yr arwydd lleiaf o anhwylder, ni raid i'r ffarmwr ond codi'r ffôn, dweud ei neges, ac mewn byr amser bydd car y fet ym mwlch y ffald, a phob dim sy'n ofynnol at ei waith ar y sedd gefn. Mor wahanol gynt pan nad oedd ffôn o fewn milltiroedd, a dim ond un fet a hwnnw'n anodd cael gafael arno; yn y dyddiau hynny roedd yn haws osgoi bil na'i dalu.

Felly gŵr a berchid yn fawr oedd y ffariar gwlad ac un y byddai galw mawr am ei wasanaeth; heb dderbyn un math o hyfforddiant mewn ysgol na choleg, a go brin iddo grwydro erioed fawr pellach na ffiniau'i ardal; ei ddiddordeb mewn anifeiliaid a'i brofiad helaeth a roddai iddo'r hawl i'w deitl answyddogol.

Byddai hefyd yn ddarllenwr eiddgar gan fachu pob llyfr a fyddai'n ymdrin ag anhwylderau anifeiliaid; mae'n syndod cynifer ohonynt oedd ar gael, a pha mor henffasiwn a diwerth yw cynnwys y rhan fwyaf ohonynt erbyn hyn, ond nid ffôl nac anystyriol eu gwerth yn y dyddiau hynny. Galwai ambell drafaeliwr heibio ar ran y cwmnïau Day, Son and Hewitt, a Hawthorns, a gwelid eu moddion mewn poteli ar silffoedd parchus mewn llawer fferm, ond yng nghartre'r ffariar gwlad y byddai'r stoc helaethaf i gyfarfod â phob gofyn.

Gŵr a gyflawnodd wasanaeth amhrisiadwy yn ein hardal ni oedd Edward Francis Tŷ Mawr, fel y gelwid ef gan bawb. Dyn tal, cydnerth ydoedd, a thrigai ef a'i briod Catrin ar fferm fechan yng Nghwm Ceulan. Lawer tro pan fyddai un o'r ceffylau yn sâl deuai gorchymyn nhad, 'Rhed i Dŷ Mawr i nôl Francis'. Byddai'r rhedeg hwnnw'n golygu dwy filltir ar draws dau gwm dros lwybrau eithinog, cyrraedd crib un cwm a disgyn i waelod y llall, a chroesi'r afon dros bontbren sigledig. Lle bynnag y byddai Francis ar y pryd, byddai cyfarthiad y cŵn yn ddigon o arwydd fod ymwelydd diarth ar gyrraedd, a byddai yntau ar ganol y ffald neu ar ben y drws i'm croesawu.

Dweud fy neges ar dorri ngwynt, yntau'n hamddenol yn taflu ambell gwestiwn, a chofio hwyrach anhwylder cyffelyb ar yr un anifail o'r blaen – roedd pob record o'r gorffennol yn gryno ar ei gof. Cynghorion i Catrin i gyflawni rhai mân orchwylion, o droi'r lloi i'r dŵr, a rhoi siaff i'r ddwy fuwch, hyd at gau'r ieir a'r cŵn.

'Wel, fe awn ni rŵan,' a chychwyn i fyny'r llwybr serth yn ôl. Mwynhau ei sgwrs ddifyr a'i sylwadau craff; roedd yn wr diwylliedig ac yn wleidydd a'i syniadau flynyddoedd o flaen ei oes.

Cyrraedd adre, a nhad ar ben drws y stabal yn ein disgwyl yn bryderus, ac wele Francis yn dechrau ar ei waith. Tynnu'i law yn araf dros gefn y gaseg, teimlo'i chlustiau, gwasgu'i ben yn dynn ar ei stumog, byseddu pob cymal, gwrando, craffu, a'r cyfan yn bwyllog a digyffro. Yna unioni cefn, symud gam neu ddau o'r neilltu a mynegi'i farn, taenu sach gynnes dros gefn yr anifail a gorchymyn 'dim dŵr oer, a dipyn bach o fran yn y bwyd' ac weithiau, os byddai angen, arhosai yn y stabal drwy'r nos. Dychwelai bob dydd am wythnos gyfan wedi ymgynghori'n fanwl â'i lyfrau, ac anaml iawn y methai â'i feddyginiaeth. Ni fyddai byth yn gofyn tâl, a sarhad fyddai gwthio sofren i'w boced. Ni ddeisyfai ond help llaw i gneifio neu ddyrnu, a sachaid o siaff weithiau pan fyddai cynffon y gaeaf yn hir.

Erbyn hyn, mae lle i ddiolch am y fet, ei gyffuriau cyfoes a'i wasanaeth parod, ond mae'n werth galw i gof y blynyddoedd main, pan fu'r ffariar gwlad yn gymorth hael mewn cyfyngder, ac ar ben y rhestr anrhydeddus y saif Francis Tŷ Mawr. Coffa da amdano!

★ ★ ★

Bob nos Sadwrn, byddai bwrdd mawr ein cegin yn debyg i swyddfa brysur gyda phentwr o bapurau dros y lle. Dyna'r noson y byddai Mam yn ateb y llythyron niferus a fyddai wedi cyrraedd dros y pythefnos cynt. Roedd ganddi hi a nhad berthnasau a ffrindiau mewn llawer rhan o'r wlad, a byddai llythyru cyson o'r ddwy ochr. Er mai trwy gyfrwng y Saesneg y cafodd hi ei hychydig addysg, eto medrai sgrifennu mewn Cymraeg naturiol, a chyflwynai bob math o newyddion yn gryno a diddorol, a hynny mewn llawysgrifen ddestlus. Heddiw, cynifer o bobl sy'n casáu sgrifennu pwt o lythyr, gan fod codi'r ffôn yn haws ac yn fwy cyfleus.

Felly byddai'r postman, sef 'Williams y Post', yn galw bron yn ddyddiol. Byddai'n cludo ei lwyth o Dal-y-bont ar ei feic coch, gan alw tua wyth y bore cyn mynd ymlaen i bentre Bont-goch a gweddill y ffermydd i fyny'r mynydd. Yna yn ôl i'w gaban bychan am ychydig seibiant ac ymborth, os byddai amser yn caniatáu, cyn dychwelyd erbyn tri y prynhawn i'r Swyddfa

Williams y Post y tu allan i'r llythyrdy yn Bont-goch

Bost yn Nhal-y-bont. Byddai pob llythyr a pharsel yn cyrraedd unrhyw ran o'r wlad yn gynnar fore trannoeth, a hynny'n ddi-ffael – roedd y gwasanaeth hanner canrif yn ôl dipyn yn fwy effeithiol na'r hyn ydyw heddiw.

Yr un postman a fyddai'n galw dros y blynyddoedd gan aros i gael paned o de a theisen ffwrn wal wrth arllwys ei stôr o newyddion y dydd. Roedd yn ddyn cydnerth a diddorol; bu drwy y Rhyfel Byd Cyntaf yn Ffrainc ond ni soniodd air am hynny erioed. Un parod ei gymwynas ydoedd hefyd, ac os byddai dafad i un o'r cymdogion wedi crwydro i un o'n caeau, neu fod angen diwrnod o gneifio ar ryw fferm, ef oedd y negesydd answyddogol.

Roedd y blwch postio ar Bont-y-geifr yn hwylus iawn; dim ond arllwys y llythyron i mewn yr oedd angen ei wneud, a byddai Williams yn gofalu am eu stampio a derbyn y tâl dyledus y bore wedyn.

Roedd meddygfa'r meddyg yn Nhŷ'r-efail yn Nhal-y-bont, ond byddai'n hwyr ar y fferyllydd yn cyrraedd â'i feddyginiaeth o'r Borth. Felly os byddai rhywrai wedi cerdded o Bont-goch, ac wedi dychwelyd yn syth, Williams y Post fyddai'n cludo'r ffisig i'r gwahanol gartrefi. Roedd un wraig wedi gwneud y daith honno, ac wedi trefnu i'r postman alw fore trannoeth. Pan gyrhaeddodd Williams y pentre a thurio i'w sach, er mawr syndod iddo roedd y corcyn wedi dod yn rhydd o'r botel ffisig, a dim ond ychydig oedd ar ôl yn y gwaelod. Byddai dweud y gwir wrth yr hen wraig yn ddigon am ei bywyd. Roedd pistyll dŵr croyw gerllaw, felly llanwodd Williams y botel a'i chludo i'r claf. Ymhen rhyw naw diwrnod, ac yntau ar fin cychwyn am Gwm Eleri, roedd y wraig ar y ffordd yn ei ddisgwyl a gwên lydan ar ei hwyneb. Ac meddai, 'Williams, wnewch chi alw yn Nhŷ'r-efail â neges i'r doctor? Gofynnwch am botelaid o ffisig yr un fath ag a gefais y tro diwetha. Dyna'r ffisig gore i mi ga'l erioed, ac rwy' dipyn yn well.' Peth rhyfedd yw ffydd!

Go brin bod neb heddiw yn y wlad na'r dref yn nabod ei bostman, dim ond fan fechan yn aros a llythyron yn disgyn drwy'r drws i'r llawr cyn gwibio ymaith, a gwn na fyddai Williams, yr hen bostman gwlad hamddenol, yn debyg o gael ei gyflogi gan Bost Brenhinol ein dyddiau ni.

★ ★ ★

Tipyn o gur pen i lawer hen ffermwr fu'r newid o drin ceffyl i yrru car, yn arbennig os nad oedd ganddynt unrhyw elfen na diddordeb yn y byd peirianyddol a ddaeth mor sydyn ar eu traws. Nid syndod oedd gweld ambell dro trwstan tebyg i'r ffermwr hwnnw o'r ardal, un o'r rhai cyntaf i brynu car, ac wrth ei yrru i mewn i'r garej yn gweiddi 'We, We!' wrth daro yn erbyn y wal!

Dau gymeriad hoffus yn ffermio rhyw ddwy filltir o'r pentre oedd John a Sue James, Bedyddwyr selog, a dau fu'n gefnogol i weithgareddau'r pentre, ac yn bobl y Pethe. Bu prynu car yn fendith i'w cludo, ond roedd rhaid wynebu'r prawf gyrru a thebyg i John gynnig nifer o weithiau'n aflwyddiannus. Roedd y prawf ym Machynlleth, a heibio i'r troad cyntaf i'r chwith ar ôl mynd hebio i'r cloc roedd stryd fechan yn arwain at ddwy res o dai; un o'r profion holl bwysig oedd troi'r car yn ôl heb gyffwrdd un o'r ddau bafin, a dyna lle methai John bob tro. Nid oedd ganddo'r syniad lleiaf pa mor bell neu agos oedd y ddwy olwyn flaen ac ôl nes clywed un ohonynt yn taro'r pafin gan roi ysgytwad iawn i'r arholwr. Ac yntau'n wynebu prawf arall, 'Trowch i lawr y chwith,' meddai'r arholwr. Atebodd yr hen frawd, 'Na, be wnawn ni mofyn i lawr y fan yna eto? Awn ymla'n i'r stesion – ma' digon o le i droi'n ôl yn y fan honno.' Chwarae teg iddo, fe lwyddodd yn y diwedd. Mor anodd i lawer ohonynt fu wynebu oes newydd a phrofiadau diarth, ond gyda dyfal donc a phenderfyniad rhai fel John a Sue fe lwyddwyd yn rhyfeddol.

★ ★ ★

Pan oeddwn yn blentyn ysgol byddwn yn bwyta fy nhocyn yng nghartre Dei a Lizzie Owen oedd yn byw yng nghanol y pentre. Roedd tri ohonom – eu mab, Tegwyn, a chefnder iddo, Eric Rhyd-fach, a minnau – ond gofalai Lizzie Owen fy mod yn cael cinio poeth fel y lleill, a byddai fy rhieni'n ei chydnabod am hynny. Roedd yn wraig hoffus, a bu Dei Owen yn ei gornel am flynyddoedd wedi'i gloi gan grydcymalau, effaith y Rhyfel. Lizzie Owen a ofalai am Bethel, Capel yr Annibynwyr, ac ni fu neb yn fwy teyrngar a chydwybodol na hi. Nid yn unig roedd hi'n glanhau'r llofft a'r llawr yn wythnosol, ac yn gofalu am yr allwedd i gau ac agor y drysau ar gyfer gwahanol gyfarfodydd, ond hi hefyd oedd yn gyfrifol am gynhesu'r capel dros fisoedd y gaeaf.

Byddai'n cerdded i fyny'r pentre tua dau o'r gloch brynhawn Sadwrn i danio'r boiler, yna i fyny drachefn tua deg yr hwyr i lwytho rhagor o lo, yna am chwech fore Sul i fyny eto gyda thorch fechan yn ei llaw i arllwys rhagor o danwydd, a hynny drwy oerni a thywyllwch y gaeaf. Yna adre i roi brecwast i'w phriod cyn dychwelyd i'r capel a cherdded yn ôl a blaen i sicrhau fod pob man yn glyd a chynnes, ac ychwanegu rhagor o'r glo i'r boiler, ac ar ambell wythnos galed a rhewllyd byddai angen cadw'r tân ynghynn am ddyddiau.

Ac fe gyflawnodd yr holl waith yn dawel a dirwgnach am nifer o flynyddoedd a'r cyfan am ddwy bunt ar hugain y flwyddyn. Heddiw, gyda'r gwaith yn ganwaith ysgafnach, a nwy yn hwylus a diffwdan, anodd cael neb â diddordeb i gymryd at y gwaith er cynnig bron pum cant o bunnau'n gydnabyddiaeth.

'Gwyn fyd y rhai syml eu bywyd,' medd J M Edwards. Ie – syml, cymwynasgar a chydwybodol – dyna Lizzie Owen.

DECHRAU CYSTADLU

Pan oeddwn yn ifanc yn ystod blynyddoedd y Rhyfel, anodd oedd teithio ymhell, ac nid oedd cyfleusterau heddiw ar gael yr adeg honno; felly, y traed oedd ein tacsi i'n cludo yma a thraw. Roedd y fro yn fwrlwm o ddiwylliant, ac yn y cwm agosaf atom roedd capel bychan Bethesda Ty-nant a fu unwaith yn gangen o ddwy eglwys arall cyn diboblogi'r ardaloedd mynyddig.

Yno y cynhelid cyfarfodydd cystadleuol yn nhymor y gaeaf, a hynny hyd yn bosib ar y nos Wener agosaf i'r lleuad lawn. Diddorol oedd gweld goleuadau'r ffermydd yn diffodd o un i un wrth i deuluoedd cyfain hel eu traed am y 'cwrdd bach'. Byddai digon o gystadlaethau at ddant pawb, a'r

Capel Bethesda Ty-nant, lle dechreuodd y cystadlu

gwaith cartre'n denu toreth o gynhyrchion i'r beirniaid. Llawer noson a dreuliais ar y setl ger y tân hyd hwyr y nos yn ceisio gorffen limrig neu lunio rhyw dri phennill ar destun penodol. Weithiau deuai llygoden fach i fwyta briwsion o dan y bwrdd gan deimlo'n ddigon cartrefol i fentro at fy nhraed cyn dianc i'w chuddfan yn un o waliau trwchus y tŷ.

Byddai cystadlu brwd ar y canu a'r adrodd, a thair ceiniog yn wobr i'r plant buddugol, tra bod yr oedolion yn fwy na bodlon ar y clod yn unig, gydag adroddiad llawn yn y papur wythnosol y *Welsh Gazette* – papur y bu'n golled ar ei ôl. Y cyfarfodydd hyn, ac ambell sosial yn y Bont-goch, yn ogystal â Chymdeithas Ddiwylliadol y capel, fu'n sylfaen i'm diddordeb mewn adrodd a barddoni. Unwaith erioed y mentrais ar ganu, a hynny pan oeddwn yn blentyn yn Nhaliesin, ar yr unawd o dan wyth oed. Cofiaf i'r piano dewi cyn i mi gyrraedd hanner yr emyn – tebyg fy mod allan o diwn, ond o bosib i'r geiriau 'Enaid gwan, paham yr ofni' roi imi'r penderfyniad i fynd ymlaen i'r diwedd yn ddigyfeiliant.

Wedi ychydig brofiad dyma fagu digon o hyder i anelu tipyn yn uwch a chystadlu mewn eisteddfod yng nghapel Nasareth, Tal-y-bont. Y darn i'w adrodd oedd 'Ymresymu' gan Crwys, a Prosser Rhys yn beirniadu, un a roes wasanaeth gwerthfawr fel beirniad yn y sir. Er mai dyna'r unig dro i mi gael y fraint o gystadlu dano, bu'r anogaeth a gefais y noson honno yn sbardun i mi gario ymlaen. Cynhelid nifer o eisteddfodau, ymhob pentref bron, a cherddem i Benrhyn-coch a Madog, Llandre ac Eglwys-fach, a byddai digon o gwmni i rannu'r teithiau a chynulleidfaoedd teilwng ymhobman. Ond caled fu'r dringo, ac os cawn ychydig sylltau o gynffon roedd yn hwb i barhau. Yn ddiweddarach, bu tua hanner dwsin ohonom yn llogi cerbyd i deithio o amgylch. Gan amlaf roeddem ar ein colled yn ariannol, ond yn gyfoethocach ein profiad ac yn cael cyfle i drysori mwy o ddarnau amrywiol ar y cof.

Ymhen blynyddoedd, ar ôl cael fy ngherbyd fy hun, nid oedd ball ar deithio dipyn ymhellach a dysgu oddi wrth sylwadau'r gwahanol feirniaid. Rhaid oedd wrth flynyddoedd rhagor o brofiad cyn mentro cystadlu yn yr Eisteddfod Genedlaethol, ond roedd yn gyfle i gyfarfod gwahanol gystadleuwyr a ffurfio sawl cyfeillgarwch sy'n parhau hyd heddiw. Nid y trachwant am arian oedd ein cymhelliad, ond yr hwyl a gaed ar gymdeithasu. Wrth aredig rhwng cyrn yr arad cawn gyfle i ymarfer, gan adrodd yn uchel yng nghwmni'r gwylanod.

Yr unig wendid oedd y syniad gan ambell bwyllgor mai gorau i gyd po hwyraf yr eisteddfod. Cofiaf gystadlu ym Moncath ar nos Sadwrn y Sulgwyn am chwarter i dri y bore, ac wrth ddychwelyd ychydig filltiroedd y tu yma i Aberteifi yn cael olwyn fflat, ac yno y bûm yn ddigon trafferthus yn newid yr olwyn sbâr gyda'r wawr yn torri a'r gog yn canu'n glir o goeden gyfagos.

Weithiau deuwn ar draws ambell feirniad na wyddai ddim am adrodd.

Daeth un ohonynt â dau ohonom i'r llwyfan; adroddai fy nghyd-gystadleuydd ddetholiad o 'Peiriannau', a minnau ran o'r 'Aradr', y ddau o waith J M Edwards. Bu'r beirniad yn pendroni'n hir cyn penderfynu rhyngom, ond yn y diwedd teimlai fod mwy o gamp ar gyflwyno awdl, ac felly rhoes yr ail wobr i mi – heb sylweddoli mai pryddestau oedd y ddau ddarn! Ni feddyliem am godi stŵr, dim ond chwerthin yn dawel a bodloni ar y dyfarniad.

Un tro yn Eisteddfod Goginan, a gynhelid ar Wener y Groglith, cefais fy meirniadu'n hallt gan y beirniad Dewi Emrys

Fi – y J R ifanc – yn dechrau cystadlu

am feiddio dynwared llais pregethwr. Wedi iddo daranu ar draws y llwyfan mewn tymer wyllt, rhoddodd y wobr i mi. Teimlwn fel ci wedi cael curfa wrth esgyn i'r llwyfan i nôl fy nghwpan.

Gŵr y bûm yn edmygydd mawr ohono oedd y Prifardd Dewi Morgan, tad yr Arglwydd Elystan, a enillodd ei gadair Genedlaethol ym Mhwllheli ym 1925 am ei awdl 'Cantre'r Gwaelod', yr un flwyddyn ag y coronwyd Wil Ifan am ei gerdd 'Bro fy Mebyd'. Pan ddechreuais ymhel â'r gynghanedd, galwn ambell noson i'w weld yn Llandre a bu'n hynod gymwynasgar wrth gywiro ambell englyn digon di-lun, a difyr oedd gwrando ar ei stôr o atgofion am ei gyfaill T Gwynn Jones. Un tro, daeth y bardd mawr hwnnw ato yn flin ei dymer wedi methu'n lân â chynganeddu un llinell, sef 'breuddwydiais freuddwyd neithiwr'. Ceisiodd Dewi ei dawelu, ac yn y diwedd cynnig iddo'r llinell 'neithiwr breuddwydio wneuthum', er syndod i'r bardd. Cysur i damaid o brentis oedd clywed fod un o'r beirdd a'r cynganeddwyr mwyaf yn hanes Cymru yn methu weithiau. Cerddwn y pum milltir adref gydag atgofion Dewi yn melysu'r cof.

Roedd hefyd yn feirniad craff, a chofiaf gystadlu odano mewn rhyw gystadleuaeth siarad cyhoeddus a gynhelid yn festri'r Tabernacl yn Aberystwyth, gyda D Jacob Davies yn arwain. Yn fy araith, dyfynnais o'r Beibl ac o gerddi Williams Parry ac eraill, a chael hwyl wrth wneud hynny, ond sylwadau'r beirniad wrth fy ngwobrwyo oedd, 'Peidiwch byth â dyfynnu gormod o waith eraill rhag rhoi'r argraff bod pawb yn mynegi'r cyfan yn well na chi'. Cyngor gwerthfawr.

Ym 1948 daeth prifathro ifanc i ysgol Tal-y-bont, sef Ithel Jones, brodor o Fethesda. Roedd yn briod â Valma, merch Lewis Morris. Roeddwn yn ei hadnabod hi erioed a'm rhieni yn gyfeillion â'i theulu yn ôl dros sawl cenhedlaeth. Roedd gan Ithel ddiddordeb mawr mewn drama, ac roedd yn wych am ddehongli ambell ddarn o farddoniaeth; cefais lawer o gymorth ganddo dros y blynyddoedd. Ef oedd fy ngwas priodas, a buom yn ffrindiau agos am dros hanner canrif a bu ei gael i'n plith yn gaffaeliad i'r pentre a'r ardal.

Cas beth a drawai pob cystadleuydd, boed ganwr neu adroddwr, fyddai anghofio geiriau. Gellid deall hynny pan fyddai'r darn yn newydd a heb suddo'n ddigon dwfn i'r cof, ond nid felly y byddai, ond yn unig gyda darnau y byddai rhywun wedi'u cyflwyno nifer o weithiau. Pan fyddwn yn cael hwyl dda ar gyflwyno, a'r gynulleidfa'n ymateb yn dawel, yn sydyn dyma gwmwl yn torri ar draws y cyfan a'r geiriau'n llwyr ddiflannu. Gorfod gadael y llwyfan gyda rhyw 'O!' fawr o gydymdeimlad, ac er na fyddai colli'r wobr yn menu dim, byddai pob hunanhyder yn diflannu, a'r tro nesaf wrth gorddi'r darn yn y meddwl byddech yn eich gosod eich hun yn y cywair perffaith i anghofio drachefn.

A minnau bellach wedi hen arfer â cholli ac ennill mewn ugeiniau o eisteddfodau ymhell ac agos, a llwyddo i gael fy nhraed fwy nag unwaith ar lwyfan y Brifwyl, cofiaf i'r 'clefyd anghofio' fy llorio innau, a gofynnais i gyfaill o fferyllydd a oedd ganddo rywbeth i'm cynorthwyo. Awgrymodd 'Pep Pills'.

'Be ydy rheiny?' gofynnais.

'Ma' nhw'n peri i ti anghofio dy hun,' atebodd.

'Oes 'na ryw beryg o'u cymryd?'

'Na, dim o gwbwl.'

Roedd Eisteddfod Aberteifi yn cael ei chynnal yr adeg honno mewn pabell, gyda rhagbrawf y Prif Adroddiad yn y prynhawn a'r gystadleuaeth yn yr hwyr. Yn cydgerdded â mi o'r rhagbrawf oedd y Prifardd T James Jones, y ddau ohonom wedi llwyddo i gyrraedd y brig.

Meddai Jim, 'Ow, rwy'n nerfus, sut wyt ti?'

'Rwy'n dda iawn wedi cymryd y Pep Pills.'

'Rargian fawr, be ydy rheiny?'

'Rhyw dabledi sy'n gwneud iti anghofio dy hun.'

'Ga i rai gen ti?' A bodlonais.

Ni chofiaf pa un ohonom a enillodd y noson honno, ond wrth eistedd yng nghefn y llwyfan yn wynebu'r gynulleidfa fawr ac yn disgwyl fy nhro, daeth rhyw deimlad rhyfedd drosof – 'Mi ddangosa i iddyn nhw beth yw adrodd' – profiad na chefais mohono na chynt na chwedyn.

Rai wythnosau'n ddiweddarach, wrth gerdded y maes yn y Brifwyl, pwy a welwn yn rhuthro tuag ataf ond Jim. 'Ydy'r tabledi 'na gen ti? Ma' un o'm disgyblion yn cystadlu ac yn nerfus tu hwnt!' meddai. Ddiwrnod neu ddau'n ddiweddarach, digwyddais gyfarfod eto â'm cyfaill. 'Sut daeth dy ddisgybl ymlaen?' holais, a'i ateb oedd, 'Paid â sôn, fe anghofiodd!' a dyna ddiwedd ar y Pep Pills bondigrybwyll!

Ddwywaith yn unig y cefais ryw fath o brofiad o'r teimlad a gefais ar lwyfan Aberteifi. Yn ystod blynyddoedd y Rhyfel cynhelid cyngherddau di-ri ym mhobman, a galw mawr am wasanaeth adroddwyr, ac addewais fynd i Glarach. Cerdded i'r pentre a bws ymlaen i'r Bow Street ac roedd dau neu dri o gantorion lleol yn gwneud yr un siwrne. Wedi disgyn, i mewn â nhw i'r Llew Du i ddisgwyl y cerbyd i'n cario i ben ein taith. Dilynais hwy, y tro cyntaf erioed i mi groesi trothwy tŷ tafarn, a syllwn arnynt mewn rhyfeddod yn llyncu diod i lawr eu gyddfau fel arllwys oel i danc. Wedi i rywun gynnig ryw lasaid bach i minnau, ufuddheais rhag bod yn anghwrtais. Pan alwyd arnaf i adrodd, cofiaf sefyll yn syth a gweld y gynulleidfa o'm blaen, ond yn fy myw ni fedrwn ddechrau. Roedd fy nhafod fel pe bai wedi'i gludio â thâp-selo ac yno y bûm yn methu dweud enw'r darn, hyd yn oed, a phan oeddwn ar fin camu o'r llwyfan fe ddaeth y geiriau'n ôl. Cofiaf chwysu'n ddiferol, a phenderfynu na chyffyrddwn byth â'r ddiod gadarn cyn ymddangos yn gyhoeddus – ac er na honnaf fy mod yn llwyrymwrthodwr, cedwais fy adduned hyd heddiw.

Yr unig brofiad arall tebyg a gefais oedd ar fore Nadolig ar ôl bod mewn gwasanaeth byr yn y capel. Gelwais gyda Defi John y Glo, oedd yn dipyn o gymeriad, a'i eiriau cyntaf oedd, 'siòt fach o wisgi!' Ufuddheais heb deimlo ar y pryd fymryn gwaeth ond, wrth gwrs, wrth yrru adre daeth rhyw deimlad drosof y carwn weld y car yn gwneud pedwar ugain milltir yr awr. Mewn hen Austin 10 i fyny Cwm Eleri, a rhiw gul a serth at y tŷ, byddai hynny'n amhosib, diolch byth, gan na chodais lawer yn uwch na'r ail gêr, ond mae gennyf ryw syniad, er mor fach ydyw, o effaith y ddiod a'r cyffuriau sy'n gymaint o broblem erbyn hyn.

★ ★ ★

Cynhelid eisteddfodau llwyddiannus yn Llundain, a bûm yn ffodus i ennill yn yr eisteddfod honno a elwid yn is-genedlaethol. Profiad anghyffredin i lanc o'r wlad oedd sefyll ar lwyfan y Central Hall, Westminster, ac yn ddiweddarach ddod yn fuddugol ar gyflwyno detholiad o bryddest 'Ffenestri', W J Gruffydd, yn Eisteddfod Jewin.

Roedd yr hen ysgol o adroddwyr wedi gorffen cyn fy nyddiau cystadlu i, ond deuthum i adnabod llawer ohonynt ac elwa ar eu cwmnïaeth. Un ohonynt oedd J M Davies, Taliesin, a bu ef a Mrs Davies yn dipyn o gymorth i mi pan oeddwn yn ifanc. Cyfnod yr adrodd dramatig a thasgu ar draws y llwyfan oedd hwn, ac roedd nifer o gyfrolau i borthi'r gofynion hynny. Pan gyhoeddwyd y pumed argraffiad o *Yr Adroddwr* gan Deiniol Fychan, cafwyd cyflwyniad mewn englyn gan Pedrog:

Deiniol yn wir adwaenodd – eisiau'i wlad;
  Rhoes lyfr iddi brofodd,
  A bydd i bawb iddo o'i bodd
  Edrych am ddarn i'w adrodd.

Er bod darnau fel 'Breuddwyd Ola'r Llofrudd' ac 'Arwerthiant y Caethwas', ynghyd ag ambell ddarn ysgafnach megis 'Siarad Saesneg mewn Addoldai Cymraeg' a 'Dic Ifan y Ddôl' yn henffasiwn bellach, rhaid edmygu crefft a diddordeb yr hen gymeriadau a fu'n difyrru cynulleidfaoedd mewn blynyddoedd tlawd, ac nid oedd eu dull dramatig a'u hystumio ond adlewyrchiad o'r hyn a gaed yn y cyfnod hwnnw o'r pulpud. Clywais hen frawd yn dweud wrthyf am un o'n pregethwyr mawr yng nghyrddau pregethu Bethel yn actio'r medelwr wrth ei waith yn y maes. Daeth i lawr o'r pulpud i'r sêt fawr a'r gynulleidfa'n gwyro'u pennau rhag llafn ei gryman cyn esgyn i'r pulpud yr ochr arall. Roedd yr hen adroddwyr a phregethwyr yn y cyfnod hwnnw'n berthnasau agos.

Darnau y bu llawer o adrodd arnynt cyn yr Ail Ryfel Byd oedd 'Cadair Ddu Birkenhead' a phryddestau Cynan, yn ogystal â 'Storïau'r Gilfach Ddu' gan J J Williams. Yna daeth cenhedlaeth newydd ohonom i gyflwyno gwaith J M Edwards, 'Adfeilion' T Glynne Davies, a 'Ffenestri' W J Gruffydd, yn ogystal ag awdlau Tilsli, 'Y Glöwr' a 'Cwm Carnedd'. Roedd darnau o ryddiaith ein prif lenorion – Tegla, Kate Roberts, ac yn arbennig gwaith Islwyn Ffowc Elis – yn rhoi gwledd i gefnogwyr eisteddfod a chyngerdd.

Roedd y ffaith i mi ennill ar y Prif Adroddiad ym Mhrifwyl Glynebwy yn cau pen y mwdwl ar gystadlu i mi, oherwydd yn y rhan hon o'r sir câi ei ystyried yn sarhad i enillydd cenedlaethol gystadlu eto, ond roedd digon o ddrysau eraill yn agor a mwy na digon o wahoddiadau'n dod yn gyson.

Daeth cais i mi fynd i gyngerdd Cymraeg yn Llundain, ac yno am y tro cyntaf y deuthum i gysylltiad â'r brodyr Jac a Wil, dau a roes lawer o ddifyrrwch i gynulleidfaoedd, a hyfryd fu cael eu cwmni droeon mewn gwahanol gyngherddau. Daw atgofion o gyd-rannu llwyfan â Richard Rees a Ritchie Thomas a'r chwiorydd Pegi ac Anita o Drimsaran, i enwi dim ond rhai.

Deuthum yn gyfeillgar iawn ag Idwal Vaughan, y canwr penillion gwych o Abercegir ac enillydd cenedlaethol droeon. Ffurfiwyd gennym gwmni bychan, sef Huw Morris, y tenor o Gorris; Margaret Lewis Jones, enillydd y Rhuban Glas; Idwal a minnau, a Mrs Briwnant Jones yn cyfeilio. Cawsom lawer o hwyl a mwynhad wrth deithio i wahanol rannau o Gymru. Ambell noson awn draw i gartre Idwal, cael croeso mawr a Mrs Vaughan yn paratoi clamp o swper, a thua deg o'r gloch fe alwai'r Parchedig Albert Wyn Jones oedd yn weinidog yn y cylch, a dyna ymestyn ddwyawr arall at y noson. Aelwyd felly oedd y Felin Newydd, a braf gweld Gwilym Fychan y mab yn parhau yn y traddodiad diwylliadol, ac ef a'i briod Ann yn cyfrannu'n helaeth yn eu bro a thu hwnt. Diolch amdanynt.

Y tro olaf i mi adrodd oedd mewn pentre adnabyddus ym Meirionnydd gan rannu llwyfan â chwmni bychan o ferched oedd yn cyflwyno caneuon ysgafn. Bûm yn y neuadd honno droeon o'r blaen, ond sylwais mai braidd yn ddiarth oedd y gwrandawyr y tro hwn. Nid oedd ganddynt unrhyw ddiddordeb yn yr hyn a ddywedwn i, dim ond galw ar y merched. Gan mai newydd ddechrau oeddynt hwy, ychydig o ganeuon oedd ganddynt, a bu'n rhaid iddynt ail a thrydydd ganu yr un rhai.

Sylweddolais y noson honno fod dyddiau'r adroddwr yn prysur ddirwyn i ben, a chyfnod hollol newydd ar wawrio.

Idwal Vaughan, Abercegir, a Huw Morris, Corris; enillwyr cenedlaethol ar y Ddeuawd Cerdd Dant droeon

BEIRNIADU

Cofiaf mai'r tro cyntaf i mi feirniadu oedd mewn cyfarfod o'n Cymdeithas Ddiwylliadol pan oeddwn yn ifanc iawn. Euthum yn ben mawr mewn noson a theimlo'n bwysig gyda phensel a llyfr bach i nodi sylwadau cyflawn ar bob adroddwr, ond gan na fûm yn sgrifennwr cyflym erioed, a chymaint i'w ddweud am bob un, sut y medrwn wneud y cyfan yn ddigon sydyn, yn enwedig gyda'r plant a'u darnau byrion? Felly dyma gynllunio math o law-fer i mi fy hun, tebyg i hyn: LL C – llais clir; PA 2B – pwyslais anghywir ar yr ail pennill; CGD – cyflymu gormod at y diwedd; a D D – rhy undonog drwy'r darn.

Roedd gennyf dudalen gyfan o lythrennau o'm blaen, ond pan godais ar fy nhraed i gyflwyno fy meirniadaeth syllwn yn syn ar y rhesi rhyfedd heb syniad yn y byd beth oedd arwyddocâd yr un ohonynt. Cefais dipyn o fraw, a phenderfynu wedyn y byddwn yn sgrifennu ychydig yn gliriach a mwy dealladwy, a pheidio anelu at ryw fympwy gwirion, a dyna ddysgu fy ngwers gyntaf.

Cynhelid eisteddfod yng nghapel y Garn, Bow Street, ar nos Nadolig, a chefais wahoddiad i feirniadu yno er fy mod yn ifanc iawn. William James, Llanbadarn, oedd fy nghyd-feirniad, awdur y dôn 'Pen yr Yrfa', a meddyliais droeon y fath wyneb oedd gennyf o ystyried y cewri oedd yn bresennol – Dewi Morgan, y cerddor J T Rees a Dr Gwenan Jones, i enwi ond rhai yn unig – a'r unig gysur oedd i mi gael gwahoddiad yn ôl y flwyddyn ddilynol. Bellach, a minnau wedi bod wrthi am drigain mlynedd, cefais bob math o brofiadau na fynnwn fod wedi'u colli, a thrist meddwl cynifer o eisteddfodau llewyrchus sydd bellach wedi diflannu. Cofiaf feirniadu yn Eisteddfod Jewin yn Llundain pan oedd honno mewn bri, ac yn Eisteddfod Capeli Cymraeg y Ddinas yng nghapel King's Cross, ac unwaith yn Eisteddfod y Canolbarth yn Birmingham.

Y tro cyntaf i mi fentro ymhellach nag arfer oedd i Eisteddfod Bryn Pydew, ger Cyffordd Llandudno. Disgynnodd niwl trwchus, a chofiaf fod Stewart Jones, Ida Taylor a Trefor Selway ymhlith y nifer ar y Prif Adroddiad. Daeth gwraig garedig ataf a chrefu arnaf i aros yn ei chartre dros nos ac arbed gyrru'n ôl yr holl ffordd i Geredigion, ond ei gwrthod yn bendant a wneuthum, a gwn mai digon sychlyd ac anniolchgar oedd fy ymateb. Fy rheswm pennaf dros wrthod oedd poeni sut y medrwn roi gwybod i'm rhieni o gofio nad oedd yr un ffôn yn agos. Byddai gweld

Fi a Hannah Hughes, fy mam-yng-nghyfraith

*Un a oedd heb heneiddio, un a fu
Yn fam gwerth ei chofio;
Bu erioed yn rhan o'i bro,
Yn wresog, llawn ei chroeso.*

63

plismon yn cyrraedd y ffald tua hanner nos yn ddychryn, a beth fyddai'u hymateb o godi trannoeth a gweld fy mod heb gyrraedd adre? Dyna oedd y rheswm, ond fy mod yn rhy swil i egluro. Ond gadewais argraff wael ar y wraig honno, heb y syniad lleiaf mai hi ymhen rhai blynyddoedd fyddai fy mam-yng-nghyfraith! Ni chofiaf i mi weld Rosina yn yr eisteddfod, er mai Eirlys ei chwaer oedd yr ysgrifennydd.

Un fantais pan oeddwn yn beirniadu yn y rhan fwyaf o eisteddfodau'r gogledd oedd cael aros gydag Eirlys a'i mam, a Davy oedd erbyn hyn yn byw yn Llanfairfechan. Roeddynt erbyn hyn wedi maddau i'r beirniad hwnnw a fu mor anghwrtais, er i mi gael tynnu fy nghoes droeon. Gan amlaf, byddai Davy'n cyfeilio a chyd-deithiem gyda'n gilydd. Bu ei gyfraniad ef i'r diwylliant eisteddfodol yn anhygoel, yn ogystal â'r blynyddoedd a dreuliodd fel arweinydd Côr Meibion Maelgwn. Bûm yn ffodus iawn ynddynt i gyd fel teulu.

Roedd Fred, brawd Rosina, yn weinidog yn y Garreg-lefn, Ynys Môn, ac aem i'w weld ef a'i briod Jane o dro i dro pan oedd y plant, Nia a Dewi, yn fychan, a chael llond trol o hwyl. Mae'r ddau erbyn hyn yn briod, yn ogystal â Gareth, mab Davy ac Eirlys, a Fred a Jane wedi hen ymddeol ac yn byw yn Nefyn, ond braf yw medru cadw cysylltiad agos â hwy o hyd.

Cofiaf un eisteddfod yn Hen Golwyn; bûm am nosweithiau yn beirniadu'r cystadlaethau cartref a'u gosod yn daclus mewn clamp o amlen ar fwrdd bach y ffrynt. Ar ôl i Rosina a minnau ddychwelyd o'n gwaith nos Wener, cawsom damaid i'w fwyta, yna hel ein pac ac i ffwrdd â ni, ond wrth yrru at gartref mam Rosina yn Llanfairfechan cofiais fod cyfansoddiadau Hen Golwyn ar y bwrdd bach ym Mhant-haul. Wedi cael pryd o fwyd, yn ôl â mi i Dal-y-bont, sydd dros bedwar ugain a deg o filltiroedd un ffordd. Cael ychydig oriau o gwsg, cyn cychwyn yn ôl drachefn gyda'r wawr ar fore hyfryd o Fai, a chyrraedd cyn i neb godi. Unwaith erioed y digwyddodd hynny, a bu'n brofiad rhy ddrud i'w anghofio.

Dro arall, anghofiais fy sbectol yn Eisteddfod Ysbyty Ystwyth, a chael benthyg un oedd yn disgyn dros fy nhrwyn. Digon niwlog y gwelwn drwy ei gwydrau, a rhwng cyfarfod y nawn a'r hwyr brysiais adre i nôl fy sbectol fy hun. Digwyddodd yr un anffawd yn Eisteddfod Pisgah, ond yn ffodus roedd gan yr arweinydd doeth Wyn James sbectol sbâr, a honno'n fy siwtio i'r dim.

Daw atgofion melys am eisteddfodau Pandy Tudur a gynhelid ar ddydd Llun y Pasg, a bûm yno bob yn ail flwyddyn bron am flynyddoedd. Yna Eisteddfod y Foel, ac ar ôl gorffen tua dau o'r gloch y bore cael clamp o swper yng ngwres y tân agored, pawb yn eu hwyliau gorau a chyfle i wrando ar storïau ac atgofion rhai o'r hen gymeriadau gwreiddiol, a neb mewn brys i fynd adre. Cefais y fraint o roi ei gadair gyntaf i Myrddin ap Dafydd yn Eisteddfod Trefriw, a hefyd gadeirio Robat Powel, Eurwyn George a Tudur Dylan, pob un ohonynt yn Brifeirdd erbyn hyn.

Cefais fy ethol ar Banel Adrodd yr Eisteddfod Genedlaethol, a bûm yn gadeirydd am flynyddoedd gan fynychu cyfarfodydd tua dwywaith y flwyddyn lle bynnag y cynhelid y Brifwyl. Ond bob Chwefror byddem yn ystyried cystadlaethau a beirniaid y flwyddyn ddilynol gan fynd trwy bob darn â chrib fân. Os na chytunem weithiau, byddai'n rhaid dychwelyd at y Pwyllgor Lleol a gofyn iddynt ailddewis, neu ddewis ein hunain. Cawn fy enwi bron bob blwyddyn i fod ar y rhestr beirniaid, ac er bod gennyf bob hawl i dderbyn gwrthodais y gwahoddiad bob tro rhag i neb ddannod fy mod yn cael ffafriaeth; felly dyna pam na fûm yn beirniadu fwy na rhyw hanner dwsin o weithiau.

Cas gennyf y 'llefaru' a ddisodlodd yr 'adrodd', a da gweld ambell bwyllgor yn glynu wrth yr hen enw. Roeddwn yn llywyddu y diwrnod y mabwysiadwyd yr enw newydd. Ychydig o'r panel swyddogol oedd yn bresennol, a derbyniwyd 'llefaru' yn sydyn a diwrthwynebiad, ac felly nid oedd gennyf ddewis ond derbyn y bleidlais. Credid y byddai'r llefaru yn gweddnewid a chryfhau'r cystadlaethau, ond pan osodwyd y darn godidog 'Argoed' gan T Gwynn Jones am Wobr Llwyd o'r Bryn, nifer fechan iawn a ddaeth i gystadlu, ac nid oedd dewis gan un o'n beirniaid mwyaf profiadol, sef Rhiannon Alun Evans, ond cyhoeddi nad oedd neb hyd yn oed yn deilwng o'r llwyfan. Bu nifer yn cwyno bod y darn yn rhy anodd, ond cofiaf flynyddoedd lawer ynghynt, pan osodwyd yr union ddarn, am gyflwyniad gwefreiddiol Trefor Edwards y Parc mewn cystadleuaeth wych allan o nifer o gystadleuwyr.

Onid dehongli a chyflwyno darnau safonol yn ddeallus a diddorol yw crefft pob adroddwr da? Dyna a wna ein cantorion, ond bellach ni cheir y llu adroddwyr a fyddai'n bwrw'u prentisiaeth yn yr hen eisteddfodau gwlad, ac mae'r ffynhonnau'n sychu.

CADEIRIO RHYFEDD

Roeddwn wedi derbyn gwahoddiad i feirniadu'r adrodd a llên mewn eisteddfod nid anenwog, lle cyflwynid cadair esmwyth am gerdd i rai heb ennill cadair o'r blaen. Cofiaf ei bod yn gystadleuaeth ddiddorol a nifer go dda wedi cynnig. Yn naturiol, ni ddisgwylid rhyw safon aruchel gan mai beirdd heb fwrw'u plu oeddynt, ac ennill cadair yn sbardun ychwanegol i ddal ati. Bu dewis y gorau, er hynny, yn waith hawdd gan fod un gerdd ymhell ar y blaen, a synnwn fod bardd mor aeddfed yn cystadlu, a bûm yn pendroni sut na fyddai wedi ennill sawl cadair ymhell cyn hyn. Cyfres o sonedau oedd ganddo, yn llawn odlau dwbwl, a'r gwaith yn amlygu dawn a chrefft arbennig, a'r cyfan wedi'i deipio'n lân. Sylwais, fodd bynnag, fod un bwlch lle dylai odl fod, a hawdd i'r mwyaf di-glem fyddai gwybod pa air a ddylai lenwi'r bwlch hwnnw.

Tua wythnos cyn yr eisteddfod ffoniais yr ysgrifennydd, oedd hefyd yn un o'r arweinyddion, a rhoi ffugenw'r enillydd – ond braidd yn anghynnes oedd yr ymateb ar y pen arall. 'Wel!' meddai gan hanner ochneidio, 'ma' rhwbeth braidd yn amheus fan hyn!' Atebais gan ei sicrhau mai hon oedd y gerdd orau, ac os oedd unrhyw amheuon, mai eu gwaith nhw fel pwyllgor oedd datrys hynny.

Cynhelid yr eisteddfod mewn capel, a llwyfan blodeuog wedi'i godi yn y sêt fawr fel y gallai gwrandawyr llofft a llawr weld a chlywed y cyfan. Pan gyrhaeddais y noson honno a derbyn croeso cynnes y swyddogion, ni allwn beidio â sylwi fod rhyw anniddigrwydd yn eu plith. 'Mi fydda i'n falch o weld y cadeirio drosodd,' meddai'r arweinydd yn fy nghlust, wrth alw ar yr adroddwyr dan chwech oed i'r llwyfan.

Ymhen rhai oriau ar ôl gorffen cystadlaethau'r plant, meddai eto, 'dewch gyda fi i'r festri i ni ga'l paned o de'. Gosodais fy mhecyn cymysg o'r cyfansoddiadau dan fy nghesail a'i ddilyn i fyny'r eil, ond cyn cyrraedd y drws trodd yn ôl a sibrwd, 'ma' boi'r gader yn eiste yng nghornel y sêt ola'. Teflais lygaid barcud wrth fynd heibio, a gwelwn ddyn pen moel tua thrigain oed mewn siwt a fu rhywdro yn nefi blŵ, yn gwisgo tei Iwnion Jac a rhes o fedalau rhyfel ar draws ei frest.

'Hwnna sy'n ca'l y gader?' holais.

'Ie, ond ma' rhwbeth yn od ynglŷn ag e.'

'Pwy yw e? O ble mae e'n dod?' holais wedyn, ond ni chefais ateb!

Erbyn hyn, teimlwn innau ychydig yn annifyr. Doedd bosib mod i wedi gwneud cam â rhai o'r lleill, gan ddwyn gwarth ar yr eisteddfod? Ymhlith y cwmni dethol oedd yn mwynhau cwpaned a sgwrs gwelwn gyfaill a enillodd y Gadair Genedlaethol ddwywaith. Anelais ato'n syth, a hawdd deall ei fod yntau'n ymwybodol bod rhyw ddrwg yn y caws. Agorais fy mhecyn a chyflwyno'r cerddi iddo. Aeth drostynt yn fanwl cyn dweud, 'ma'r gerdd y'ch chi wedi'i dewis ymhell ar y bla'n, a do's gyda chi ddim i'w wneud ond ei chyhoeddi'n fuddugol, ond bachan, ma' rhwbeth hefyd yn y gerdd sy'n canu cloch.'

Ar ôl dychwelyd i'r eisteddfod, ac eistedd wrth fwrdd y beirniaid ar y llwyfan, sylwais fod boi'r gadair wedi symud ymlaen i un o seddau canol y llawr, ac ni ellid peidio â'i adnabod gyda'i frest fedalog. Ymhen dim roedd wedi symud i'r sedd flaenaf un a'i drwyn reit o dan y llwyfan. Roedd y capel erbyn hyn yn orlawn pan ddaeth yr arweinydd ataf a dweud, 'Gwell i ni fynd ymla'n â'r cadeirio i ga'l e drosodd.' Cyhoeddodd, 'Wna pawb sy'n cymryd rhan yn y cadeirio ddod i'r llwyfan ar unwaith, os gwelwch yn dda.'

Un o'r rhai cyntaf i ruthro am y grisiau oedd y dyn â'r tei Iwnion Jac, a chafwyd cryn drafferth i'w gadw yn ei sedd, ac nid heb draethu go blaen y gorfodwyd ef i eistedd nes deuai'r alwad iddo sefyll.

Os bydd rhyw arwyddion cudd sy'n torri ar y patrwm arferol, mor barod fydd cynulleidfa i synhwyro hynny, ac wrth gyflwyno fy sylwadau ar gerddi'r gadair gellid clywed pìn yn disgyn, a phawb fel pe baent yn ofni anadlu.

Wedi cyhoeddi ffugenw'r bardd buddugol, galwyd arno i godi ar ei draed. Nid oedd angen neb i'w gyrchu gan ei fod yn sefyll wrth risiau'r llwyfan. Llamodd i fyny, cyhoeddwyd ei enw, enw hollol ddiarth, ac aed drwy'r seremoni ar frys. Cyn iddo ymadael, euthum ato i'w longyfarch. Ond roedd yn rhy brin ei Gymraeg i gynnal sgwrs, a digon diamynedd ei atebion cwta i gwestiwn neu ddau cyffredinol – ac yn Saesneg y siaradai. Mae'n amheus gen i a fu erioed mewn eisteddfod, ac rwy'n siŵr nad oedd ganddo'r syniad lleiaf ynghylch seremoni cadeirio bardd.

Diflannodd i'r nos hefo'i gadair, ac ni chlywais ddim ymhellach am ei gampau eisteddfodol. Roedd y gerdd yn eiddo'r pwyllgor a gwn fod llawer un craff wedi'i darllen ar ôl hynny, pob un yn cydnabod ei bod yn gerdd dda, gwaith hen law – yn canu cloch, ond neb yn medru rhoi enw wrthi.

Dro'n ôl daeth gŵr ataf a'm cyfarch, 'Ry'ch chi'n cofio pan o'ch chi'n beirniadu yn y lle a'r lle erstalwm? – Bachan, dyna beth o'dd cadeirio rhyfedd, yn te fe?'

'Rhyfedd iawn,' meddwn innau gyda gwên, a thewi.

ARWAIN

I'r capel a'r 'cyrddau bach' y mae fy niolch am y cyfle i ymarfer siarad yn gyhoeddus, a pha mor hwyr bynnag y byddai arnaf yn cyrraedd adre o'm crwydriadau ar nos Sadwrn, gofalwn fod yn yr oedfa fore Sul a'r gweddill o gyfarfodydd y dydd. Ni fyddai fy rhieni byth yn colli oedfa'r hwyr, a hynny dros y blynyddoedd cyn cael ein car ein hunain.

Pa mor eang bynnag fo profiad a gwybodaeth unrhyw un, dysgir rhyw wers newydd o hyd, a champ yw ceisio gofalu rhag i ambell ymadrodd ffôl dasgu'n ôl fel llais o garreg ateb.

Cofiaf arwain eisteddfod a gynhelid yng Ngogledd Ceredigion mewn bro a fu unwaith yn boblog a diwylliadol, ac yn y cyfnod pan oedd y gweithfeydd mwyn mewn bri codwyd yno gapel helaeth yn cynnwys llofft a llawr. Yno cynhelid eisteddfod lewyrchus am flynyddoedd lawer ym mis Mehefin, a'r lle bob amser yn orlawn.

Un tro roedd yn ddiwrnod llethol o dwym a phawb yn foddfa o chwys, a nifer y cystadleuwyr yn niferus fel arfer. Aeth cyfarfod y prynhawn a'r hwyr yn un heb unrhyw seibiant, a dim ond amser i ruthro am gwpanaid sydyn. Tua dau o'r gloch y bore, a'r lle erbyn hyn yn wag gydag o leiaf awr arall o gystadlu cyn gorffen, roedd ar y llofft nifer fechan swnllyd yn torri ar rediad yr eisteddfod. Yr adeg honno o'r bore roedd pob eiliad yn cyfrif, ond methwn yn deg eu tawelu. Minnau erbyn hyn wedi llwyr ymlâdd a'r meddwl yn hollol gysglyd, dywedais yn fy ngwylltineb, 'Wel, fe allwn ni hawlio tawelwch – ma'r gyfraith o'n tu.' Beth oedd a wnelo hyn â'r gyfraith ni wn, ond o leiaf cafwyd gwell trefn.

Ni feddyliais ymhellach nes y cyrhaeddais adre o'r Eisteddfod Genedlaethol rai wythnosau'n ddiweddarach. Roedd cerdyn yn fy nisgwyl, wedi ei anfon o'r Swistir, a marc post Bern arno, ac wedi'i gyfeirio mewn

Cymraeg uniaith – Ceredigion, Gorllewin Cymru – ac wedi cyrraedd mewn deuddydd, a dyma'n union oedd ei gynnwys:

Yr ydym yn aros mewn gwesty o'r enw Yr Eryr Gwyllt, ond yr un yw y natur ddynol ymhobman. Cawsom ein deffro bore heddiw gyda sŵn adeiladwyr ar y to, a theimlem fel dweud, 'rydym yn hawlio tawelwch – ma'r gyfraith o'n tu.' Yr eiddoch, Eisteddfodwyr ffyddlon.

Eisteddfodwyr ffyddlon? Pwy oeddynt? Cedwais yn dawel heb ddweud gair wrth neb gan deimlo'n siŵr y deuai rhywun ataf yn llechwraidd ac yn awyddus i wybod fy ymateb, gan ollwng y gath o'r cwd. Aeth ymhell dros ddeugain mlynedd heibio ers hynny, ac nid wyf damaid nes o wybod y gyfrinach, ond fe syrthiodd y geiniog y noson honno a dysgwyd gwers i minnau.

★ ★ ★

Daw atgofion difyr am y nifer o flynyddoedd y bûm yn arwain Eisteddfod Powys, gan brofi o fwynder a charedigrwydd Maldwyn ar ei orau, a braf ei gweld yn parhau o hyd gan newid ardal o flwyddyn i flwyddyn a'i lleoli eto gan amlaf mewn pabell. Daeth cyfle i gyfarfod ac adnabod llawer o drigolion y sir, a phrofi dros y deuddydd y cynhelid hi gwmnïaeth hyfryd Gwilym R Jones, ac yn arbennig Meirion Williams, a fyddai ymhlith y beirniaid bron bob blwyddyn. Gŵr diddorol a'r mwyaf diymhongar.

Cofiaf yn un eisteddfod i un o goesau'r piano dorri wrth iddo gael ei symud ar draws y llwyfan. Un o feirniaid y flwyddyn honno oedd y Prifardd Tilsli, ac erbyn trannoeth roedd wedi llunio englyn i'r amgylchiad:

Poenus yw gweld y piano – a'i heglau
    Ar beryglus osgo,
    Nid ry sownd ei arias o
    A hen duniau odano.

Digwyddodd tro mwy difrifol yn Eisteddfod Meirion, a gynhelid y flwyddyn honno hefyd mewn pabell yn Nolgellau. Pan oedd un o'r corau meibion yn canu disgynnodd y llwyfan oddi tanynt, a diflannodd pob un

Arwain yn Eisteddfod Genedlaethol y Rhyl a'r Cyffiniau, 1985

o'r golwg – roedd yn syndod na chafodd neb ei niweidio. Yn yr eisteddfod honno yr enillodd T Llew Jones y gadair am ei awdl 'Cefn Gwlad' a gyhoeddwyd yn ddiweddarach yn y *Genhinen*.

Fe'i hystyriaf yn anrhydedd o fod wedi arwain mewn deg o Eisteddfodau Cenedlaethol. Yn y gyntaf ohonynt, yn y Drenewydd, wrth gerdded o'r llwyfan ar derfyn fy sesiwn olaf, gwelwn Cynan yn codi o'i sedd a cherdded i lawr yn syth tuag ataf, gan ysgwyd fy llaw yn gynnes â gair hyfryd o werthfawrogiad a drysoraf hyd heddiw. Minnau'n cofio'r cardiau gwawdlyd dienw a anfonid ataf pan oeddwn yn dechrau cystadlu, heb syniad pwy oedd â'r fath genfigen tuag ataf, ond mor wir oedd geiriau fy mam-gu, 'gan dy well y cei dy barchu'.

Bu'n brofiad cael rhannu llwyfan â rhai o arweinwyr blaenaf ein cenedl – Meic Parry, Huw Jones, J O Roberts, Alun Williams ac R Alun Evans, i enwi ond ychydig o'r cewri. Ond Huw oedd y mwyaf ffraeth a sydyn ei drawiad. Daw i gof yr eisteddfod honno a gynhelid mewn adeilad bychan ym Mhenegoes, pentre gerllaw Machynlleth. Roedd nifer o gorau lleol wedi cystadlu, ond nid oedd y beirniad wedi dal yn iawn ar yr enw Penegoes, ac roedd eraill megis Aberhosan hefyd yn cystadlu. Ac meddai wrth gyflwyno'i feirniadaeth – 'Y côr cyntaf i gystadlu sef Côr Penygoes' – ffrwydrodd y lle yn daran o chwerthin a Huw yn codi gan ddweud, 'Peidiwch â chynhyrfu – fe ddown at Aberhosan'. Bu'n arweinydd eisteddfodau a nosweithiau llawen gyda'r gorau, yn ddoniol, ond bob amser yn chwaethus, a gwers i lawer un ei dysgu heddiw.

Bu'n arferiad ar hyd y blynyddoedd yn yr Eisteddfod Genedlaethol i gael Llywydd y Dydd bob diwrnod o'r wythnos, ac arweinydd y prynhawn fyddai'n cyflwyno bob amser. Byddwn yn gofalu paratoi'n fanwl a cheisio casglu pob darn o wybodaeth i'w gyflwyno mor gryno ag y medrwn. Braint fu cael gwneud hynny gyda Llywyddion mor amrywiol â J E Jones, Goronwy Daniel, yr Athro Caerwyn Williams, Dr Iorwerth Peate, R S Thomas a'r Arglwydd Gwilym Prys Davies. Ar ddyddiau'r Coroni a'r Cadeirio, gwnaed ymdrech arbennig i gael y cyfan i redeg mewn trefn gan roi pob cyfle i'r stiwardiaid baratoi'r llwyfan, oherwydd am hanner awr wedi dau i'r eiliad byddai golau coch yn ymddangos o dan ffenestr stiwdio'r BBC yn arwydd bod yr Eisteddfod ar yr awyr – ond un tro aeth pethau'n chwithig iawn.

Roedd y Llywydd ar y llwyfan gyda'i osgordd yn brydlon am ddau, ac wedi gair o gyfarch a'i gyflwyno eisteddais y tu ôl iddo. Roedd yr hen bafiliwn o dan ei sang, y Llywydd yn cael hwyl arbennig ar draethu a'r miloedd yn ymateb; ond roedd yr hen frawd wedi'i anghofio'i hun yn llwyr. Aeth yn chwarter wedi dau, yna'n ugain ac yn hanner awr wedi, a fflachiodd golau coch y BBC ar y wal, ond ni sylwai ar ddim. Er bod Ifan, y prif stiward ar y llawr, yn sefyll o'i flaen gan bwyntio'i fys at ei wats, aeth munudau hebio wedyn cyn iddo dewi, a bu'n gryn sgrech i gael y llwyfan mewn trefn a'r Seremoni Cadeirio'n hwyr yn dechrau.

Yn fuan wedyn dilëwyd Llywyddion Mawrth ac Iau, dyddiau'r prif seremonïau yr adeg honno, a bellach ni cheir ond un Llywydd am yr wythnos gyfan ac eithrio Cadeirydd y Pwyllgor Gwaith ar y Sadwrn olaf. Ai er gwell, tybed, a fu'r newid? Collwyd sawl araith rymus a chofiadwy o ganlyniad.

NEWID BYD

Ym mis Gorffennaf 1967 priodwyd Rosina a minnau yng Ngharmel, Conwy. Roedd ei mam bellach wedi maddau i'r beirniad sych a gyfarfu yn Eisteddfod Bryn Pydew, a bellach roedd rhieni Rosina wedi symud i fyw i Gonwy, lle bu farw'i thad a oedd yn saer coed ac adeiladydd nodedig. Gwelir ôl ei grefft ar nifer o dai hyfryd yng nghyffiniau Llandudno. Ar ôl ein priodas aeth ei mam i fyw at Davy ac Eirlys yn Llanfairfechan, lle y bu hyd ei marw ym 1999.

Bellach, roedd patrwm bywyd wedi newid yn llwyr, yn ogystal â'r dull o amaethu, ac nid oedd modd i fferm fechan fel Wern-deg gynnal dau deulu. Bûm yn ffodus i gael swydd yn y Cyngor Llyfrau a oedd wedi'i sefydlu rai blynyddoedd ynghynt mewn dwy ystafell fechan mewn adeilad oedd yn eiddo i'r Coleg yn Heol Alecsandra. Yno yn gweithio'n rhan amser roedd Mr Galloway, cyn-berchennog siop lyfrau ym Mangor. Wedi ymddeol i'r Borth daeth yn Rheolwr y Ganolfan, a chydweithio gydag ef – oedd â phrofiad helaeth ym myd llyfrau – oedd fy ngham cyntaf. Roedd y Cyfarwyddwr a'i ddwy ysgrifenyddes mewn swyddfa ar Sgwâr y Frenhines gyferbyn â Neuadd y Dref. Wrth daflu golwg yn ôl, mae'n anhygoel sut y tyfodd y Cyngor Llyfrau yn sefydliad hollbwysig yn y Gymru gyfoes. Mae'n diolch fel cenedl yn ddyledus i'r cyn-Gyfarwyddwr, Alun Creunant Davies, am ei weledigaeth a'i weithgarwch diflino dros y blynyddoedd ac mae gan bob un ohonom y parch mwyaf iddo.

Teimlwn ar y dechrau fel pysgodyn ar dir sych wrth weithio rhwng pedair wal, wedi arfer erioed â bod yn yr awyr agored. Buan y deuthum yn gynefin â'm hymgylchfyd newydd a mwynhau'r gwaith o gasglu llyfrau o'u silffoedd i gyflawni'r archebion, ac yna eu pacio'n drefnus; er ei fod yn swnio'n waith braidd yn undonog, roedd yn llawer mwy pleserus na

Rosina fy ngwraig a minnau ddydd ein priodas

phacio sebon. Yna, tua phedwar o'r gloch y prynhawn, eu cludo i Swyddfa Crosville ar dryc bychan, lle caent eu hebrwng i wahanol ganolfannau ar y bws, fel y medrai'r siopwyr eu casglu. Cymerai weithiau ddyddiau lawer cyn y cyrhaeddent ben eu taith. Mor wahanol yw hi erbyn hyn gyda faniau'n galw'n ddyddiol ac yn cyrraedd y siopau o fewn diwrnod.

Ymhen ychydig rhoes Mr Galloway y gorau iddi yn gyfan gwbl, a chefais innau esgyn i'w swydd. Yn fuan daeth Afan a Huw atom, a Jones, ffermwr o Bumsaint oedd wedi ymddeol i'r dre – cymeriad hoffus ac un di-ail am bacio llyfrau. Byddwn mewn cysylltiad â'r gwahanol weisg yn ddyddiol, a buan y gwelsant y fantais o anfon eu cynhyrchion i'r Ganolfan. Buan yr aeth y ddwy ystafell yn rhy fychan fel y bu'n rhaid chwilio am adeilad tipyn mwy, a llwyddwyd i gael man delfrydol ar y pryd mewn hen gapel ym mhen ucha'r dref. Yna daeth Robert atom, a bellach roeddem fel un teulu yn cyd-dynnu ac yn deall ein gilydd, ac o dro i dro caem dipyn o hwyl yn ogystal.

Ond roedd yr un datblygiad yn y Swyddfa yn ogystal, a'r gwaith yno'n cynyddu'n gyflym. Gwnaed yr Adran Olygyddol a Chyhoeddusrwydd yn un o dan ofal Elan Closs Stephens, a dyna'r adeg y cefais innau – ar ôl blynyddoedd yn y Ganolfan – fy symud i'r Swyddfa. Bu Elan yn garedig a chefnogol wrthyf, a gwerthfawrogaf hynny hyd heddiw. Yna daeth Dewi a Nesta atom hefyd, ac er i mi weithiau deimlo'n annifyr o weld pob un ohonynt â graddau, a minnau heb esgyn yn uwch na'r ysgol gynradd, cefais bob cymorth ganddynt.

Pan ymadawodd Elan i gymryd swydd yn Adran Ddrama'r Brifysgol, daeth Gwerfyl Pierce Jones yn Bennaeth yr Adrannau, a hi ers blynyddoedd bellach yw Cyfarwyddwr y Cyngor Llyfrau. O'r diwrnod cyntaf bu'n bleser gweithio o dan gyfarwyddyd Gwerfyl, a chefais bob cefnogaeth ganddi hithau.

Un o'm dyletswyddau yn awr oedd sicrhau y byddai pob llyfr Cymraeg a Saesneg oedd yn ymwneud â Chymru yn cyrraedd fy nesg i'w rhestru yn y cylchgrawn *Llais Llyfrau*, gan sgrifennu nodiadau dwyieithog ar bob

Alun Creunant Davies, sylfaenydd a chyn-Gyfarwyddwr y Cyngor Llyfrau, Gwerfyl Pierce Jones, y Cyfarwyddwr presennol, a fi

un i roi syniad o'u cynnwys. Byddwn hefyd yn trefnu'r Ymgyrch Lyfrau, a chawn gyfle i ymweld â gwahanol ysgolion dros rannau helaeth o Gymru i'w hannog i gymryd rhan yn yr ymdrech flynyddol. Cafwyd cefnogaeth a fu'n gyfrwng i werthu degau o filoedd o lyfrau Cymraeg, a bu'r ymgyrch hon yn llwyddiant rhyfeddol. Trefnid arddangosfeydd hefyd, a hynny eto yn ychwanegu at y gwerthiant. I gydnabod llwyddiant yr ymgyrch, trefnid teithiau i'r unigolion a fyddai wedi gwerthu'r nifer mwyaf. Felly, yn ogystal â'r plant, roedd cyfle i'w rhieni ddod gyda hwy am bris rhesymol, ynghyd â rhai o'r athrawron.

Roedd y Ganolfan Lyfrau wedi symud eto, i adeilad llawer ehangach ar Stad Glan-yr-afon, Llanbadarn Fawr, a'r Swyddfa ei hun i adeilad hyfryd yng Nghastell Brychan. Erbyn hyn, John Dudley Davies oedd Rheolwr y Ganolfan, ac nid oedd ei debyg am drefnu teithiau, a'i gysylltiadau'n hwyluso'r gwaith hwnnw i mi. Buom droeon yn Iwerddon a phrofi o groeso'r Gwyddelod yng Nghorc a Dulyn; gweld y gêm boblogaidd *hurling* yn cael ei chwarae, a'r profiad o fod ynghanol y miloedd swnllyd. Trefnid croeso arbennig a chinio'n ogystal i ni, a digon o adloniant i ddilyn. Buom yn Calais a Bremen yn yr Almaen, gan ymweld ag un o ffeiriau mwya'r byd. Ond un o'r profiadau mwyaf cofiadwy oedd cael gwahoddiad i adeilad enfawr y Farchnad Gyffredin ym Mrwsel. Cafwyd gwledd arbennig yno, ac roedd aelodau blaenllaw yn bresennol yn cynnwys Aneurin Rees Hughes, Hywel Ceri Jones, a nifer o bwysigion o wledydd eraill.

Yn ôl yr arfer, roedd gennym gasgliad o lyfrau i'w harddangos, ac wrth eu cludo o'r bws drwy'r traffig daeth bachgen ifanc atom i'n cynorthwyo, a'i Gymraeg mor naturiol â'r un ohonom. Gofynnais iddo o ba ran o Gymru y deuai, a'i ateb oedd, 'O'r Swistir rwy i'n dod'. Ac ar ôl gofyn ymhellach sut oedd ei Gymraeg mor rhugl, aeth ymlaen, 'Bûm yn

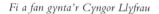

Fi a fan gynta'r Cyngor Llyfrau

Aberystwyth yn gwneud y gyfraith, ac mae'n bolisi yn ein gwlad ni os bydd unrhyw un yn ymweld â gwlad arall am gyfnod, pa mor fyr bynnag y byddo, ein bod fel arwydd o gwrteisi yn dysgu iaith y wlad honno. Dyna pam rwy'n medru Cymraeg ac yn falch fy mod wedi'i dysgu.'

Trueni na fyddai'r mewnfudwyr sy'n heidio yma yn dysgu'r un wers yn lle disgwyl i ni blygu'n wasaidd. Ac os codwn ein llais dros ein hiaith a'n diwylliant, cawn ein cyhuddo o fod yn hiliol.

Bu Rosina a minnau am flwyddyn yn lletya yn Heol Stanley, mewn fflat yng nghartre Mrs Anna Davies, gwraig ddiwylliedig ac awdur nifer o ddramâu byrion. Roedd yn fam i'r nofelydd Siân James, ac yn chwaer-yng-nghyfraith i D J Williams. Pan alwai D J cawn gyfle i gael ambell sgwrs ddifyr. Roedd Mrs Davies hefyd yn chwaer i Wil Ifan, a byddai'n siarad llawer amdano, gan gyfeirio at fardd adnabyddus a gafodd fenthyg swm go dda o arian ganddo ond na thalodd yr un geiniog yn ôl mewn cyfnod pan oedd bywyd yn ddigon main arno fel gweinidog. Byddai'n adrodd am y tro hwnnw yr aeth hi a'i theulu i aros yng nghartre'i brawd yng Nghaerdydd, ac yntau wedi mynd ar ei wyliau i ran arall o'r wlad. Un nos Sadwrn daeth plismon at y drws yn gofyn a oedd Mr Evans i mewn, hithau'n ateb ei fod oddi cartre. 'O! trueni,' meddai'r plismon, a cherdded ymaith. Ychydig yn ddiweddarach, dyma blismon arall – Sarsiant y tro hwn – yn curo'r drws gan ofyn yr un cwestiwn, ac wedi iddi roi yr un ateb, meddai yntau cyn cerdded ymaith, 'O! trueni. Ma' cael Mr Evans ar y stryd pan fo'r tafarndai'n cau yn fwy o werth nag unrhyw nifer o blismyn.'

Ambell noson byddwn yn galw i weld Ifor Davies a oedd yn byw yn yr un stryd a chael ganddo lond trol o straeon o'r byd eisteddfodol. Ac yn y stryd nesaf roedd y deintydd a'r bardd T E Nicholas yn byw, a chawn ystôr o wybodaeth ganddo, a'i atgofion yntau o'r dyddiau pryd y dechreuodd gystadlu, a'i adnabyddiaeth o rai o gewri'r genedl.

Bu Rosina'n ffodus o gael swydd yn y Gyfadran Addysg fel ysgrifenyddes i'r Athro Jac L Williams a Miss Lili Thomas, a dyma'r adeg pryd y daeth y Sianel Deledu Gymraeg yn bwnc llosg, gan gynhyrfu'r awyr. Roedd yr

Athro'n ffyrnig yn ei herbyn, a chanddo ei resymau clir dros hynny, a'r tebyg yw i Rosina deipio degau o erthyglau i *Barn* a chylchgronau eraill yn lleisio'i wrthwynebiad. Erbyn hyn, ar ôl cael y sianel ers rhai blynyddoedd gyda chynifer o raglenni siomedig ar S4C, ni ellir peidio â meddwl nad ef oedd yn iawn. Roedd yr Athro Jac L Williams yn gweld dipyn ymhellach na'i feirniaid.

Pan oeddem yn byw yn y fflat, gwnaethom gais i adeiladu byngalo ar un o gaeau fy nghartre, ond cawsom drafferthion di-ri a rhai o'r swyddogion papur a phensil yn codi pob math o fwganod. Yn y diwedd, fodd bynnag, fe lwyddwyd i'w goresgyn a chawsom symud i'n cartre newydd, Pant-haul, yng Nghwm Eleri, nid nepell o'm hen gartref yn Wern-deg.

Dewi Morris Jones, Nesta Wyn Jones a minnau pan oeddem yn gyd-weithwyr yn swyddfa'r Cyngor Llyfrau

O GWMPAS Y CARTRE

Byddai llawer un a alwai i'n gweld yn Wern-deg erstalwm ym misoedd heulog yr haf yn methu amgyffred sut y medrem wynebu'r gaeaf mewn cwm yr oeddynt hwy'n ei ystyried yn lle unig ac anghysbell, heb drydan na ffôn, na dim o gyfleusterau heddiw yn bodoli yr adeg honno. Ychydig a wyddent mor llawn oedd ein bywydau, gan beri i mi deimlo'n fynych bod saith diwrnod mewn wythnos yn rhy fyr. Braint unrhyw un yw cael ei amgylchynu â chymdogion da, a bu hyn yn wir yn ein hanes ninnau fel teulu.

Roedd tair fferm yn ffinio â'r Wern-deg, sef y Winllan, Cwmere a'r Felin-fach, ac er bod un o gaeau Penpontbren yn cyrraedd at yr afon, roedd y tŷ ei hun gryn bellter oddi wrthym. Roedd teulu'r Winllan yn nodedig am ei garedigrwydd, ac ni fyddai unrhyw gymwynas yn ormod, boed ddydd neu nos. Bu nhad yn gyfeillgar erioed ag Enoc Jenkins, yn ogystal â'r brodyr eraill cyn iddynt adael cartre, a byddent yn cydgerdded i'r ysgol gyda'i gilydd pan oeddent yn blant. Cawsom lawer noson ddifyr yn y Winllan, a deuent hwythau atom ninnau yn eu tro. Dyna oedd yr arferiad – swpera, ac oriau o siarad a thrafod pawb a phopeth.

Cymro uniaith oedd Dafydd Evans, Cwmere, a chafodd ei ychydig addysg yn ysgol yr Eglwys yn Bont-goch. A'r fath ysgol oedd honno, gyda'r prifathro'n Sais heb ddeall yr un gair o Gymraeg ac yntau fel y

Enoc a Beti Jenkins, Y Winllan, Cwm Eleri

gweddill o'r plant heb fedru Saesneg.
Dysgodd ddarllen, ymddiddorodd yn
y cynganeddion, a daeth yn englynwr
medrus. Ei gwestiwn cyntaf i mi ar
ôl pob Eisteddfod Genedlaethol oedd
– 'Wyt ti wedi darllen yr awdl? Beth
wyt ti'n feddwl o'r englyn?' a byddai
ganddo farn glir a phendant. Roedd
ei frawd William, yn ogystal ag eraill
yn y cylch, hefyd yn wych am
englyn, ac os codai dadl rhyngddynt
ynglŷn â rhyw sylw amheus neu linell
anghywir, yr ateb bob tro fyddai,
'rhaid i ni ofyn i Fred Jones'. Ef oedd
yr awdurdod terfynol.

Dafydd Evans a Hilda yn fabi

Treuliais ugeiniau o oriau difyr ar aelwyd Cwmere. Roedd Janet a
minnau'n weddol agos o ran oedran, a Hilda ei chwaer yn hŷn. Ie,
nosweithiau o hwyl a chroeso bob amser, a'r oriau'n diflannu i'r bore cyn
ymadael.

Y Felin-fach oedd cartre Gwyn ac Elisabeth Royle, dau a rannai lawer
o'r un diddordebau â mi, yn arbennig gyda'r Clwb Ffermwyr Ifainc, ac
mewn dramâu, a chaem gwmni'n gilydd wrth gerdded i lawr ac yn ôl o'r
pentre. Roedd gan Gwyn ddiddordeb mawr mewn garddio ac ym myd

*Gwyn Royle yn yr ardd yn
Felin-fach*

natur yn gyffredinol, ac ar ôl ymddeol bu droeon ar Radio Ceredigion yn ymdrin â'i wahanol ddiddordebau. Roedd yn gymeriad yn meddu ar hiwmor gwreiddiol, a thrist fu ei golli. Ceisiais lunio englyn o deyrnged iddo a gyhoeddwyd ar daflen ei wasanaeth angladdol:

> Wedi'r tawel ffarwelio – ei ddawn iach
> Ddaw yn ôl, a'i arddio;
> Y mae'r hwyl a'i hiwmor o
> Yn gyfan wrth ei gofio.

Pan ddeuai gofyn i werthu tocynnau, neu gasglu at achos da, byddwn yn ffodus os llwyddwn i alw mewn dau le yr un noson, oherwydd roedd 'galw' yn golygu aros am weddill yr hwyr.

Ar ôl i mi gael car, awn draw yn aml i Goginan lle roedd Mary fy nghyfnither yn brifathrawes yr ysgol leol, ac yn byw yn Nhŷ'r Ysgol. Roedd yn y pentre Aelwyd fywiog a nifer o bobl ddawnus yn barod i gymryd rhan yn y gwahanol weithgareddau a gynhelid yno. Roedd cartre Mary yn Rhydyronnen, yn y cwm nesaf, a byddwn o dro i dro yn ôl y galw yn mwynhau mynd yno am y diwrnod at ei rhieni, Yncl Lewis ac Anti Leis, a braf fyddai cerdded adre dros fanc y Winllan. Ar noson glir gwelwn fflachiadau goleudy Ynys

Mary Rhydyronnen, fy nghyfnither

Enlli yn saethu i'r awyr. Os na fyddwn yn galw yn Llandre weithiau gydag Alcwyn a Sal Magor, ni fyddai tafod Sal yn ôl o'm hatgoffa. Pan oedd hi'n ifanc, nid oedd ond morwyn gyffredin yn llafurio ar rai o ffermydd y fro, eto cymaint oedd ei hawydd i'w diwyllio'i hun. Mynychai ddosbarthiadau'r cerddor J T Rees, a bu'n aelod o'i gôr a berfformiai ambell oratorio. Roedd Alcwyn yn cystadlu llawer ar yr adrodd digri, a'i wyneb cyn dweud yr un gair yn tynnu chwerthin o'r gynulleidfa, a byddem

Alcwyn, yr adroddwr digri

yn cyd-deithio lawer gyda'n gilydd. Cyn codi ei fyngalo ei hun, roedd ganddo glamp o ardd ger y stesion lle tyfai bob math o lysiau, ac un noson wrth ddychwelyd o ryw eisteddfod, a hithau'n olau leuad fel dydd, dyma ofyn i mi, 'oes gyda chi riwbob?' Allan â ni drwy'r gwlith a thros lein y trên gan blycio llwyth o riwbob breision digon i wneud stiw a tharten am wythnosau! Pan welodd Mam y fath faich ar y bwrdd fore trannoeth,

Ennill Coron Eisteddfod Teulu James Pantyfedwen, Pontrhydfendigaid, am Ddilyniant o Dribannau

Coron a Chadair Eisteddfod Llanbedr Pont Steffan, 1996

bu'n dyfalu ar ba gystadleuaeth y rhoed riwbob yn wobr! Ond un fel yna oedd Alcwyn, a phwy arall a feddyliai am y fath beth am ddau o'r gloch y bore?

Yn ystod y blynyddoedd hyn yr euthum ati o ddifri i ddechrau cystadlu am gadeiriau, a phrynais hen deipiadur gan Fred Siop Evans am seithbunt. Ar lawer noson stormus yn y gaeaf, cawn fy hun yn y parlwr o flaen tanllwyth o dân yn ceisio teipio'n ddigon trwsgl ag un bys, gan glywed y gwynt yn chwibanu yng nghorn y simne.

Neu yn yr haf, yn arbennig ar nos Sul ar ôl dychwelyd o'r oedfa a chael swper, mynd am dro i gyfeiriad y mynydd. Ar Lety Gochen roedd clamp o faen crwn, a bûm yn eistedd arno ddegau o weithiau gyda'm beiro a'm llyfr bach wrth geisio llunio cerdd ar gyfer cystadleuaeth. Bryd hynny, byddai Cymro, y ci defaid, yn gorwedd wrth fy nhraed gan edrych i'm llygaid fel pe bai'n dweud, 'dyw pethe ddim yn dod yn rhwydd... '

Enillais fy nghadair gyntaf yn Eisteddfod Pontrhydygroes, a thros gyfnod o ddeugain mlynedd cesglais dros bump a deugain ohonynt, a thair coron. Anelais rai troeon am goron yr Eisteddfod Genedlaethol gan gyrraedd y dosbarth cyntaf fwy nag unwaith, ac un tro deuthum yn ail. Ennill y dwbwl, y goron a'r gadair, yr un flwyddyn yn Eisteddfod Llambed a roes y wefr fwyaf i mi, a merch fach groenddu â gwên ar ei hwyneb yn cyflwyno tusw o flodau yn un o'r ddwy seremoni.

Gwrthodais ganiatáu i'm henw fynd ar Gyngor yr Eisteddfod

Y Parch. W J Gruffydd, cyfaill agos

Genedlaethol, gan y byddai hynny'n fy atal rhag cystadlu, ac felly cefais gyfle i gynnig ar rai o'r cystadlaethau eraill a llwyddo un ar ddeg o weithiau. Teimlaf fod eistedd i sgrifennu cerdd neu englyn yn therapi ardderchog ac yn gyfle i ymlacio'n llwyr.

Tua dechrau'r 1950au daeth y Parch. W J Gruffydd yn weinidog ar Eglwys y Tabernacl, Tal-y-bont, ac roedd y Parch. D Morlais Jones yntau newydd ddod i Fethel. Daeth y ddau yn gyfeillion agos gan gydweithio gyda'i gilydd.

Roedd Ithel Jones yn brysur gyda'r dramâu, a'i briod Valma wedi ymdaflu i weithgareddau'r ardal a'r Ysgol Sul. Caed nosweithiau o ddramâu byrion gyda chymeriadau lleol yn cymryd rhan ynddynt, ac Ithel yn cynhyrchu, a byddai'r neuadd bob amser yn llawn.

Roedd Miss Ruffina Owen, Llysterfyn, a Mrs Phyllis Williams, Bron-y-gân, wedi bod yn dysgu plant i ganu, gan hyfforddi sawl cenhedlaeth o blant a phobl ifainc at wasanaeth neu gyngerdd yn y capel a'r neuadd. Gwnaed hynny gyda graen arbennig, a phob dim yn cael ei gynnal yn y Gymraeg yn unig. Pan ddaeth y teledu i gartrefi'r ardal, gwelwyd y newid echrydus, ac aeth y sgwrsio cartrefol yn fratiaith anniddorol; daeth pobl ddiarth â'u harferion diarth, ac mae'r dirywiad yn parhau.

Ithel a Valma Jones – bu'r ddau'n gaffaeliad i weithgareddau'r ardal

DYDDIAU'R TEITHIO

Eisteddfod Genedlaethol Machynlleth ym 1937 oedd y gyntaf i mi fynd iddi, a hynny ar y dydd Iau pan gadeiriwyd T Rowland Hughes am ei awdl 'Y Ffin'. Yno y gwelais Lloyd George a chofiaf ef wrth annerch y dorf yn aros am eiliad a gofyn, 'Pwy sydd yn mynd i achub Cymru?' Daeth llais o rywle yn ateb, 'Y Blaid Genedlaethol', a'i ymateb sydyn yntau oedd 'fe allant helpu – fe allant helpu'. J J Williams oedd yr Archdderwydd, a'r flwyddyn honno y gosodwyd cystadleuaeth y Fedal Ryddiaith am y tro cyntaf, ac yn un o'r cyngherddau y daeth y tenor David Lloyd i amlygrwydd. Fe dorrwyd sawl cwys yn yr Eisteddfod honno, a bu ei dylanwad yn drwm ar y dref a'r cylchoedd cyfagos am flynyddoedd.

Roeddem wedi cael weiarles erbyn 1939 a thrwy honno y daeth pigion o Brifwyl Dinbych i'n haelwyd. Ar ôl dyfarnu nad oedd teilyngdod yng nghystadleuaeth y Gadair, yn ogystal ag atal y Goron ddeuddydd ynghynt, cofiaf yr Archdderwydd Crwys yn cyfarch yr eisteddfodwyr siomedig â'r pennill:

> Wel ati eto feirdd fy ngwlad
> A choethed pawb ei bennill,
> Mae cael y Gadair yn beth gwych –
> Ond canmil gwell ei hennill.

Y flwyddyn honno y cyhoeddwyd yr Ail Ryfel Byd a chwtogwyd cryn dipyn ar faint y cystadlaethau gan gynnal yr Eisteddfod mewn neuaddau ac ar y radio'n unig.

Ym 1946 y cefais yr wythnos lawn gyntaf o eisteddfota pan gynhaliwyd hi yn Aberpennar, a hon oedd y gyntaf o dros bymtheg a deugain o Eisteddfodau Cenedlaethol i mi eu mynychu'n ddi-fwlch. Euthum i lawr gyda'r Parchedig Fred Jones, a oedd yn beirniadu'r ddychangerdd, a Deric yn gyrru, gan aros gyda pherthnasau yn Abercynon. Yn naturiol, mae i bob eisteddfod ei hatgofion gwahanol, ond gan amlaf byddwn yn aros mewn ysgol yn cynnwys rhesi o welyau'n ymestyn ar draws ei gilydd fel coed ffa. Ni chaed ond ychydig o gwsg, a digon o hwyl, ac ni welais neb yn yr un ohonynt dan ddylanwad unrhyw ddiod.

Er pan oeddwn yn blentyn bu gennyf ddiddordeb mewn pobol ac yn yr amrywiaeth o gymeriadau gwreiddiol, ac edrychwn ymlaen bob blwyddyn at gyfarfodydd pregethu'r Tabernacl a Bethel, y naill ar nos Iau a Gwener y Groglith, a'r llall ddechrau'r wythnos ddilynol. Yno y deuai cewri'r dydd – y Parchedig Jiwbili Young a'r Athro J Williams Hughes, y Parchedig D J Lewis, Y Tymbl, a'r Parchedig H T Jacob, Abergwaun, ymhlith eraill. Difyr fyddai gwylio pob symudiad o'u heiddo, pob goslef ac ystum, yr amseru a'r seibiau, yn ogystal â'u dawn i ennill eu cynulleidfa.

Pan ddaeth y Noson Lawen yn boblogaidd yn nechrau'r pum degau, roedd yn amhosib cael mynediad i'r un ohonynt gan y byddai pob tocyn wedi'i werthu ymhell cyn y dyddiad. Yr unig siawns fyddai cymryd rhan eich hun, ond roedd mwy na digon o adroddwyr ar y maes. Gwan oedd unrhyw obaith o'r cyfeiriad hwnnw, felly euthum ati o ddifri i geisio meistroli'r grefft o ddynwared, ac wedi tipyn o ymarfer caled fe afaelodd yr abwyd.

Yn gyntaf roedd yn rhaid ceisio dethol nifer o bobl oedd yn amlwg, a phawb yn gyfarwydd â'u lleisiau, megis y Parchedig William Morris, T H Parry-Williams, Dan Jones, Pontypridd ac, wrth gwrs, Bob Owen, Croesor. Rhaid oedd cael y lleisiau mor agos â phosib i'r gwreiddiol, ac roedd rhai lleisiau'n fwy anodd na'i gilydd. Taro'r traw cywir, a'r amseru priodol, a rhyw fanion oedd yn nodweddu'r gwahanol gymeriadau. Yna dethol brawddegau o sgwrs neu ddarlith ac ychydig hiwmor hyd yn bosib. Ofer, er enghraifft, fyddai defnyddio arddull danllyd Bob Owen wrth gyflwyno llais tawel, hamddenol William Morris.

Fel arfer, roedd pawb wrth eu bodd yn cael eu dynwared; yn anffodus, T H Parry-Williams oedd yr unig un i fynegi ei anfodlonrwydd. Cofiaf gymryd rhan mewn Noson Lawen yn yr Aelwyd yn Aberystwyth, a gwelwn ef a'i briod yn y gynulleidfa, felly teimlwn yn rhy swil i'w gynnwys ef yn fy rhestr. Yr arweinydd oedd R E Griffith, a dyma ofyn i'r gwrandawyr, 'Pwy arall yr hoffech ei glywed?' a'r ateb a gafwyd oedd 'Parry-Williams'. Daeth yntau ymlaen ataf ar y diwedd yn eitha sarrug a deellais ei fod wedi cymryd y cyfan o chwith. Ymhen blynyddoedd, a minnau i lawr yng Nghaerdydd yn y stiwdio deledu, cofiaf Owen Edwards yn fy atgoffa o'r noson anffodus honno.

Mae'n amhosib ceisio dynwared ar bapur, ond dyma ddwy enghraifft o'r geiriau y ceisiwn eu cyflwyno. Mewn rhaglen radio flynyddoedd yn ôl, byddai dau aelod o bob tîm yn dweud stori mewn rhaglen ysgafn, a byddai'r beirniad, William Morris, yn eu tafoli fel hyn, 'Ychi, dau storïwr da, rŵan y cyntaf o'r ddau yn disgrifio'r wraig dew honno i'r dim, ond teneuo o'dd hi – y stori, wrth gwrs – gan golli gafael braidd at y diwedd. Rŵan yr ail 'ychi, dawn naturiol yr hen gyfarwydd erstalwm a'i stori'n gafael hyd y gair olaf. Dau dda! Ond wyth i'r cynta a naw i'r ail.'

Roedd gan Bob Owen ddarlith, 'Y wraig a minnau', ac ar ôl bod yn parablu am dros awr am ei brofiadau'n chwilota am hen lyfrau a llawysgrifau, gyda phigiad i ambell gymeriad, fe gofiai'n sydyn am y wraig, cyn codi'i lais a bwrw iddi o ddifri: 'Wel ia! Rhaid i mi ddeud gair am y wraig 'cw; Nel yw 'i henw. Pan own i'n hogyn 'stalwm, hogia ffordd acw yn ofni mynd adra heibio'r fynwant, yn credu mewn 'sbrydion a lol botas felly, fuas i'n hebrwng cymint â dwsin o ferchad yr un noson, ond yn rhyfedd pan es i ati i chwilio gwraig fedrwn i ga'l neb. Dyma gyfarfod Nel, priodi, a mynd i lawr i Aberystwyth ar ein mis mêl. Clywad fod ocsiwn llawysgrifa yng Nghaerfyrddin, a lawr ben bora trannoeth a dod â dwy sachad o lawysgrifa'n ôl, a dyna lle bûm i drwy'r wsnos yn darllan rheiny yn y Llyfrgell Genedlaethol, a Nel ar y prom. Wyddoch chi be, dyna'r wsnos mwya bendigedig ges i 'rioed.'

Daeth gwahoddiad i mi i gymryd rhan yn Noson Lawen Cymry Llundain ar nos Lun gyntaf pob Eisteddfod. Tipyn o anrhydedd oedd hon, gyda Ryan, Rhydderch a nifer eraill o Gymry ieuainc, dawnus a oedd yn y ddinas y blynyddoedd hynny.

Yn ddiweddarach yn yr hwyr cynhelid nosweithiau llawen answyddogol, fel y gelwid hwy, a chofiaf i Carwyn James un tro yn Eisteddfod Llandudno wahodd nifer fechan ohonom i le arbennig. Ymhlith y rhai a ddaeth yno roedd Ifor John Thomas, y meddyg dall a'r eisteddfodwr brwd a fyddai'n aml ar y radio yn siarad am wahanol anhwylderau. Gan fy mod yn dychwelyd heibio i'r gwesty lle'r arhosai am yr wythnos, addewais fynd ag ef yn ôl, a chyngor olaf Carwyn oedd, 'gofala paid â'i adael ar y stryd – gwna'n siŵr ei fod yn cyrraedd ei stafell'. Ar ôl disgyn o'r car, gafaelodd y meddyg yn dynn yn fy mraich, a minnau heb unrhyw syniad i ba gyfeiriad i droi. 'Dyma ni,' meddai, 'ymlaen yn syth, wedyn i'r dde, eto i'r chwith, i fyny ac fe ddown at goridor hir. Yn y pen pellaf ar y chwith mae bwrdd a blodau arno, a'm stafell i yw'r agosaf wedyn!'

Roeddem wedi cyrraedd mor ddidrafferth â phe baem wedi byw yno erioed. Ysgwyd llaw â'r cyfaill, ac meddai, 'Diolch, J R, noson ardderchog' wrth gau'r drws yn glep, gan fy ngadael yn y tywyllwch am ddau o'r gloch y bore heb y syniad lleiaf sut i chwilio fy ffordd allan. Nid oedd neb o gwmpas, a gwn imi gymryd sawl cam gwag a thro anghywir cyn cyrraedd y car, ac eto mor hwylus oedd cyrraedd yr ystafell yng nghwmni dyn dall. Roedd hynny'n fy atgoffa am fy ngweinidog, Fred Jones; roedd yntau wedi colli'i olwg yn ei flynyddoedd olaf, ac eto medrai adrodd o'i gof benodau cyfan a rhifau pob emyn heb erioed faglu ar air na rhif. Dafydd Jones y bwtsiwr, yntau – tipyn o gymeriad, a minnau'n mentro gofyn iddo, 'Dywedwch wrtha i, Mr Jones, sut ydych chi'n cofio pob adnod ac emyn?' A'i ateb? 'Rhyfedd be fedrwch chi 'i wneud pan mae'n rhaid.' Mor wir!

Ni fyddai rhagbrawf y Prif Adroddiad hyd bnawn Gwener ola'r Eisteddfod, ac weithiau byddai cynifer â hanner cant ar yr un darn. Byddwn innau, erbyn hynny, wedi llosgi fy amser a'm hegni mewn nosweithiau llawen, ac ymhell o fod mewn hwyl i gystadlu. Yn Eisteddfod Môn ym

1957 roedd y feirniadaeth a gefais yn un wael, ac ni haeddwn well. Fe'i torrais yn ddarnau a'i thaflu i'r bin, a phenderfynu torchi llewys o ddifri y flwyddyn ddilynol yng Nglynebwy – ac fe dalodd i wneud hynny.

Bûm yn ffodus i gael rhan mewn nifer o raglenni radio, ac yn ddiweddarach ar y teledu, a hynny dros gyfnod o nifer o flynyddoedd. Gan fod fy rhieni gartre nid oedd dim yn fy rhwystro rhag bod i ffwrdd am ddyddiau ar y tro. Cyflwyno detholion o wahanol gerddi a wnawn i ddechrau, a'r ddiweddar Nan Davies yn cynhyrchu. Bu'n ysgol a hanner o rannu cwmni â Meredydd Edwards, J H Roberts, Rachel Howell Thomas a J O Roberts, i enwi rhai dros gyfnodau gwahanol. Mynnai Nan gael pob dim mor berffaith â phosibl, ac ni fyddai'n ôl o'n hymarfer am ddyddiau. Roedd ei safonau'n uchel, a go brin y byddai'n derbyn llawer o'r rhaglenni di-chwaeth a welir y dyddiau hyn. Cefais ran mewn nifer o raglenni amrywiol gyda'r ddau gynhyrchydd Ruth Price a George Owen. Yn y cyfnod cyn cael cyfleusterau hwylus yng Nghaerdydd, aem draw i Fryste i recordio.

Yn ystod gaeaf 1966–67, cynhaliwyd rhaglen radio, *Crap ar y Pethe*, gyda Gwyn Williams yn cynhyrchu, a gwahoddwyd tri ohonom i gynrychioli tîm y BBC, sef y llenor Selyf Roberts, y Parchedig Ronald Griffith a oedd yn weinidog yn y Drenewydd, a minnau, a'r Prifardd John Evans yn beirniadu, gan deithio i wahanol rannau o Gymru'n wythnosol dros gyfnod o chwe mis. Gosodid y tasgau i ni ar ôl cyrraedd lle bynnag y byddem yn recordio, a rhaid oedd cwblhau'r cyfan o fewn yr awr. Selyf fyddai'n llunio'r stori fer, Ronald ar ddarn o gywydd neu englynion, a minnau ar y canu rhydd, yna llunio stori ychwanegol yn ein tro. Cymerai'r eitemau tua munud yr un, a gorffennai'r rhaglen gyda chwestiynau ar wybodaeth gyffredinol.

Roedd yn rhaid bwrw iddi ar unwaith, er y byddai'r testunau weithiau'n ddigon anodd, a chael a chael fu hi lawer tro i orffen mewn amser, ond bu'n gyfle gwych i hogi'r meddwl a chawsom lawer o hwyl.

O'r degau o Nosweithiau Llawen y cymerais ran ynddynt, a'r rhan fwyaf o'r cyngherddau, ni chodais gymaint â cheiniog ar y trefnwyr, na chwaith bris petrol, ond cefais y llawenydd a'r boddhad o gynorthwyo nifer o achosion da. Nid yw'n edifar gennyf chwaith, pan fo cynifer heddiw'n crafangu am arian ac yn amharod i wneud dim yn ddi-dâl.

DOSBARTHIADAU GWENALLT
AC EUROS

Tua dechrau'r 1950au, sefydlwyd Dosbarth Allanol yn Ysgol Rhydypennau, Bow Street, neu 'Dosbarth Gwenallt' fel y galwem ef. Roedd yn ddosbarth niferus mewn rhif a deuai'r aelodau o gylch eang ac o gefndiroedd gwahanol, yn cynnwys gweinidogion, athrawon ac amaethwyr, ac yn eu plith roedd Ifan Jones ac Ifor Davies, W J Edwards a Tegwyn Jones, ac weithiau caem gwmni J E Nicholas. Y flwyddyn gyntaf, trafodwyd y cynganeddion a'r mesurau caeth, yna Llenyddiaeth Gymraeg

Rhai o aelodau dosbarth Rhydypennau – o'r chwith i'r dde: Haydn Morgan, Huw Huws, W J Edwards, fi, a Vernon Jones

yn gyffredinol, yn cynnwys cerddi eisteddfodol a chyfrolau barddoniaeth yn ogystal â gwaith ein llenorion amlycaf o Emrys ap Iwan ac O M Edwards hyd at lenorion canol y ganrif ddiwethaf. Bu'r dosbarthiadau hyn yn agoriad llygad i mi wrth i ni gael ein tywys o amgylch meysydd cyfoethog ein llên. Roedd y darlithoedd yn ddiddorol, ac i ddiweddu pob noson ceid trafodaeth fywiog a difyr.

Weithiau, byddai'r athro'n llwyr ymgolli yn ei faes gan ei anghofio'i hun yn llwyr, ac un tro ar ôl bod yn trafod y delyneg gan bwysleisio mor hanfodol yw'r ffurf yn ogystal â'r mynegiant, gorffennodd trwy adrodd o'i gof bum pennill o emyn William Williams:

> Mi dafla' maich oddi ar fy ngwar
> Wrth deimlo dwyfol loes...

gan greu naws ac awyrgylch drydanol wrth anwylo pob gair yn bwyllog a theimladwy, a phan ddaeth i'r llinell olaf caeodd ei lygaid wrth godi'i law gan ddweud, 'dyna delyneg berffaith' a disgyn i'w gadair fel pe bai mewn hanner llesmair.

Do, bu mynychu dosbarthiadau Gwenallt yn gaffaeliad amhrisiadwy ac yn gyfrwng i mi ehangu cryn dipyn ar fy ngorwelion.

Un prynhawn tua dechrau'r gwanwyn, wrth gerdded o'r Ysgol Sul i'm car, roedd y Parch. W J Gruffydd yn fy nisgwyl, a daeth i mewn ataf â chopi yn ei law o'i bryddest 'Ffenestri'. Roedd wedi'i gorffen y noson cynt ac aethom drwyddi linell wrth linell gyda mynych sylw ac awgrym wrth fynd ymlaen, a chefais fy swyno gan y portreadau byw a syml o'r hen gymdeithas wledig yng nghyffiniau Ffair-rhos:

> I gwr y fawnog gynt
> Daeth mentrus ŵr gan gludo'i gaib a rhaw
> Ar hwyr y gwynt, a chodi iddo'i hun
> Dŷ unnos cyn i fysedd main yr haul
> Gystwyo'r sêr a gwthio'r cosyn lloer
> Dros fanc Rhyd Mwyn i'r môr.

Nid syndod i'r bryddest hon ennill Coron y Brifwyl y flwyddyn honno ym Mwllheli. Daeth yn gerdd boblogaidd, a chefais y fraint o'i chyflwyno ddegau o weithiau dros y blynyddoedd dilynol. Te hwyr iawn a gafwyd y pnawn hwnnw, a bu cryn frys i ddychwelyd i oedfa'r hwyr, ond pnawn cofiadwy.

Yng Nghwmllinau, pentre bychan rhwng Machynlleth a Mallwyd, y cynhaliai Euros Bowen ei ddosbarth ac roedd cryn sôn am hwnnw. Pan ddaeth dosbarth Rhydypennau i ben, penderfynodd tri ohonom – Dai'r Chemist, Vernon a minnau – fynd i'r dosbarth hwnnw, gan ddefnyddio ein ceir bob yn ail. Er ei fod dros ugain milltir o daith un ffordd, ni fu'n edifar gan yr un ohonom am yr oriau a dreuliwyd yno ar y meinciau celyd ond mewn awyrgylch gartrefol. Roedd y dosbarth hwn yn llawer llai mewn rhif a'r mwyafrif ohonom o gefndir amaethyddol – ac amryw fel minnau heb fod ymhellach na'r ysgol gynradd – ond caed yno ddigon o hwyl a brwdfrydedd.

Roeddwn eisoes yn adnabod y rhan fwyaf ohonynt, ac yn eu cyfarfod o dro i dro mewn gwahanol eisteddfodau: John Rees, Dafydd Roberts, Alun Lewis a Dafydd Wyn Jones, un o bencampwyr y Talwrn presennol. Yno hefyd yr oedd un o'r cymeriadau mwyaf gwreiddiol, sef Haydn Pughe, gwerinwr syml a bardd a cherddor dawnus. Gŵr digon sychlyd yr olwg oedd e, ond yn meddu ar hiwmor crafog. Siaradai'n drwynol, ac ni bu ei debyg am daflu ambell gwestiwn bachog neu bigiad annisgwyl, a gwyddai'n dda sut i gael y gorau o'r darlithydd.

Byddai Euros yn esgyn i bulpud bychan yn y festri, ac wedi paratoi pob darlith yn glir a manwl gan ei gosod ar astell o'i flaen. Yna ei darllen yn hamddenol, a'i fys weithiau'n

Thomas Gwynn Jones, fy arwr barddol

dilyn y geiriau gan lusgo ambell gynffon o frawddeg gyda'r oslef oedd yn nodweddiadol ohono. Barddoniaeth Gymraeg oedd ei faes, a rhoddai gefndir pob bardd a'u campau eisteddfodol wrth ddehongli a thrafod pob cerdd, gan ymdrin â phryddestau ac awdlau, cyn disgyn o'r pulpud i'r llawr a'n harwain at y drafodaeth, ac yma wrth gwrs y deuai cyfle Haydn.

Un tro, bu Euros yn cyflwyno rhai o gerddi'r Athro W J Gruffydd, gan bwysleisio dynoldeb y bardd yn 'Thomas Morgan yr Ironmonger', 'Gwladys Rhys' a 'Cerdd yr Hen Chwarelwr' sy'n dechrau fel hyn:

Cryf oedd sŵn ei gryman yn yr eithin,
Union ar y dalar oedd ei gwys...

Daeth cyfle Haydn: 'Doedd Gruffydd yn gwybod dim am dynnu eithin. Pwy fyddai'n mynd ati â chryman, na chaib a bwyell un pen iddi, i ddadwreiddio eithin?' Ac aeth ymlaen, 'a dyna ichi'r ail linell – "Union ar y dalar oedd ei gwys". Dydy cwysi talar byth yn union – maent yr un ffurf â chloddiau'r cae, felly "union at y dalar oedd ei gwys"!' Gan fod y rhan fwyaf ohonom yn amaethwyr, roedd yn rhaid derbyn ei air.

Pan gyhoeddodd Euros Bowen ei gyfrol *Myfyrion* sy'n cynnwys ei awdl 'Genesis', rhoes ei lofnod ar gopi pob aelod o'i ddosbarth. Cafwyd sawl noson i drafod ei gerddi, ac yn arbennig ei awdl. Rhoddai bwyslais arbennig ar y delweddau yn ei waith gan ein sicrhau iddo adael gair neu eiriau allweddol i'w deall. Gwelodd Haydn ei gyfle ac meddai, 'pam na wnewch chi danlinellu'r geiriau allweddol i'n helpu i ddeall a gwerthfawrogi'r cerddi mwyaf tywyll?' Ateb Euros oedd, 'nid *crosswords* yw barddoniaeth'.

Er iddo drafod cerddi gwahanol i'w gilydd, a llawer un na ddisgwylid y byddai ganddo ddiddordeb ynddynt, roedd yn ddarlithydd teg a diragfarn. Ei arwr pennaf oedd T Gwynn Jones, a chawsom dair noson gofiadwy yn trafod gwaith y bardd hwnnw. Cofiaf falchder Euros a'i oslef arbennig wrth gloi ei sylwadau arno. 'Ef,' meddai, 'yw'r prif artist darluniadol ym marddoniaeth Cymru. Ma' Gwynn Jones yn un o feirdd mawr Ewrop.'

Diolch am ddosbarthiadau Cwmllinau, a choffa da am Haydn Pughe a'i sgrafell ddiwenwyn.

Y DITECTIF LLENYDDOL

Lle bu Neuadd y Brenin yn Aberystwyth, ceir bellach res o siopau a fflatiau uwch eu pennau. Mae'n debyg i'r neuadd hardd a fu'n gyrchfan diwylliant a gwleidyddiaeth gael ei dymchwel am y credid nad oedd yn ddiogel, ond buan y deallwyd ei bod mor gadarn â'r castell ei hun, ond erbyn hynny roedd yn rhy ddiweddar i'w harbed.

Yno mewn stafell fechan yn wynebu'r stryd roedd Ifan Jones yr oriadurwr. Roedd yn enedigol o'r Pren Gwyn ger Llandysul ac yn fab i of, ond oherwydd afiechyd cynnar a diffyg cyfleusterau meddygol yn y cyfnod hwnnw anffurfiwyd rhywfaint ar ei gorff, a byddai cerdded ond ychydig yn anodd iddo. Aeth i Birmingham i ddysgu'i grefft, ac ar ôl rhai blynyddoedd yn gweithio yn un o'r siopau gemau yn Aberystwyth llogodd ystafell fechan yn y neuadd i drwsio watsys, ac yno yr ymgasglai pawb a ymddiddorai yn y Pethe. Roedd Ifan yn dipyn o gymeriad, ac yn llenor a thelynegwr gwych.

Y tro cyntaf i mi ddod ar draws ei enw oedd wrth delyneg yn un o ddau rifyn *Beirdd ein Canrif* a gyhoeddwyd yn ôl yn y 1930au. Telyneg seml oedd hi ar y testun 'Bore Calan'; disgrifiai grwt bach yn methu mynd i hel calennig gan fod y tywydd mor arw, a'i fam yn ceisio'i gysuro. Dyma sut mae'r bardd yn cloi ei bennill olaf:

> Ofer sôn nad ydyw'r eira'n
> Aros yn y fro;
> Gŵyr y crwt na fydd y pennill
> Fory'n gwneud y tro.

Enillodd Ifan Jones nifer o wobrwyon mewn eisteddfodau, yn cynnwys y goron yn eisteddfod enwog y Glomen Wen, a bu'n fuddugol am gyfres o delynegion yn y Genedlaethol. Roedd un ohonynt ar y testun 'y teisi ŷd', lle cyfeiria atynt fel gosgordd yn gwarchod y cartref, a dengys ei bennill olaf ei ddawn gynnil a chrefftus:

Os ydyw'r henfro'n goelcerth
Nid wyf yn ofni'r brad,
Mae gosgordd gref mewn lifrai aur
Yn gwarchod tŷ fy nhad.

Rhyfedd iddo roi'r gorau i gystadlu yn ifanc, ond ni phallodd ei elfen mewn barddoniaeth a'r byd eisteddfodol, ac roedd yn holwr heb ei fath. Roedd *Cerdd Dafod* John Morris Jones ar flaenau'i fysedd, ac ar ôl ei farw ym 1967 cyhoeddwyd casgliad byr o'i waith gyda Rhagair gan J Tysul Jones a sylwadau gan Gwenallt, gan fod Ifan Jones yn aelod ffyddlon o'i ddosbarth gynt yn Rhydypennau.

Un o'i ddiddordebau pennaf oedd chwilota pwy fyddai'n cystadlu am y Goron a'r Gadair yn yr Eisteddfod Genedlaethol ac, wrth gwrs, pwy oedd yn debygol o'u hennill. Dyma lle roedd yr elfen dditectif yn ymddangos, ac yn aml iawn fe lwyddai i ddal rhyw gynffon o'r gyfrinach. Byddai ei groeso weithiau'n eitha llugoer os nad oedd gennych ryw newydd i'w ddatgelu, a phan fyddai mewn tymer ddrwg byddai ei sgwrs yn bigog a chwta, ond y cyfan yn ddigon diniwed, ac ar ei orau roedd yn gymeriad difyr a hwyliog.

Gan amlaf eisteddai â'i gefn at y drws yn syllu i berfeddion wats drwy'i chwyddwydr un-llygad, gyda'i ffedog wen o'i flaen a rhan ohoni'n crogi wrth fachyn, a'r gamp oedd ei gael o'i gadair at y cownter. Tebyg i hyn fyddai'r sgwrs weithiau pan alwn heibio:

'Lle chi'n mynd nesa?'

'Wel, Steddfod Powys rwy'n meddwl, Ifan.'

'O! Be dach chi'n neud yna, arwain?'

'Ie.'

'Cadwch y'ch clustie ar agor, falle clywch chi pwy sy i mewn yn y Genedlaethol.'

Cofiaf un pnawn tua chanol Gorffennaf, a minnau heb alw heibio ers tro ac, wrth gwrs, roedd yn ddrwgdybus o'r sawl fyddai'n cadw draw. Safwn ar y stryd yn sgwrsio â chyfaill, a dyma Ifan yn mynd heibio o fewn ychydig fodfeddi i ni; roedd ei gyfarchiad sarrug a'i edrychiad blin yn dweud y cyfan. Rhaid oedd galw i'w weld, ond go brin y cawn lawer o groeso heb newydd i'w ddatguddio.

Wel, beth am fentro enwi rhyw fardd a allai fod yn cystadlu? Doedd dim drwg mewn celwydd bach amddiffynnol; o leiaf byddai'n gyfle i gynhesu'r awyrgylch ac arbed ychydig ar fin ei dafod. Pan gerddais i mewn roedd Ifan â'i gefn tuag ataf, a cheisiais ymddangos yn hollol ddidaro.

'Sut ma'r hwyl heddi, Ifan?'

'Go lew.'

'Mae'n ddiwrnod braf.'

'Ydy.'

Yna tawelwch, a phob eiliad yn ymddangos fel munudau.

'Rych chi wedi bod yn cadw'n ddiarth.'

'Yn brysur gyda'r cneifio a'r gwair.'

'O! O's gyda chi ryw newydd o'r Genedlaethol?'

'Na, dim arbennig, ond ro'n i'n clywed bod ____ i mewn am y Gader.'

'E! I mewn am y Gader? Jiw, jiw, ma' fe i mewn am y Gader? Cynganeddwr da.'

Dyna ddadfachu'r ffedog a lledu'i freichiau fel corfan dros y cownter, ond fel yr ofnwn dyma res o gwestiynau'n cael eu saethu ataf.

'Pwy ddwedodd wrtho chi? Ydech chi'n gwbod be sy gyda fe? O's gyda chi syniad beth yw 'i ffugenw e?' Ac yna, i glensio'r cyfan, 'Pam na fydde chi'n holi rhagor?'

Dwn i ddim beth yw'r nodweddion sy'n gwneud dictectif da, ond mae'r enghraifft hon yn dweud llawer am yr elfen honno yng nghymeriad Ifan. Un flwyddyn, nid oedd un o'i gyfeillion, Dafydd Jones, Ffair-rhos, wedi galw ers tro a hynny'n codi amheuon.

'Dech chi wedi gweld Dafydd yn ddiweddar? Dyw e ddim wedi galw ers dipyn, ma' fe'n siŵr o fod yn cuddio rhywbeth!'

Roedd brawd i'r bardd yn gweithio fel saer gyda chwmni o adeiladwyr lleol ger y stesion. Bob bore am wythnos cyn yr eisteddfod aeth Ifan draw i weld a oedd e yno, gan gadw'i hun o'r golwg. Bore Llun yr wythnos ganlynol aeth draw eto, ac roedd y saer wrth ei waith.

Fore Mawrth, dydd y coroni yr adeg honno, dyma'r ditectif yn dilyn yr un trywydd, ond doedd dim golwg o William. Mentro'n nes ac yn nes a dim golwg ohono, ac yna galw ar un o'i gyd-weithwyr:

'Ydy William Jones yma?'

'Na, dyw e ddim yn gweithio heddi.'

'O!' ac i ffwrdd ag e i ffonio un o'i gyfeillion.

'Rwy'n iawn − fe Ffair-rhos sy â hi heddi.'

'Ffor' wyt ti'n gwbod?'

'Rwy'n eitha reit − fe sy â hi.'

Ac roedd yn iawn − ie, Dafydd Jones a wisgodd y Goron y prynhawn hwnnw. Rhywsut, hyd heddiw, wrth gerdded i lawr y stryd heibio i'r fan lle roedd siop fechan Ifan, fe'i gwelaf yn ei ffedog wen, a'i glywed pan oedd heb ei lwyr fodloni ar ryw gyfrinach eisteddfodol yn holi, 'Pam na fyddech chi'n holi rhagor?'

Dafydd Jones, Ffair-rhos, bardd coronog Eisteddfod Genedlaethol Aberafan 1966, gyda Cynan a Gwyndaf (Llun: Geoff Charles, gyda chaniatâd Llyfrgell Genedlaethol Cymru)

DIRGELWCH

Yn Eisteddfod Genedlaethol y Rhyl ym 1953 y daethom ein dau wyneb yn wyneb am y tro cyntaf. Roeddem yn aros yn y YMCA, gan gyrraedd yno'n gynnar ar y pnawn Sadwrn, ond sylwais ymhlith rheolau'r lle hwnnw ei bod yn ofynnol i bawb fod i mewn erbyn deg yr hwyr ac na fyddai'r drysau'n agor i neb ar ôl hynny. Y fath siom, ac argoelion am wythnos ddiflas. Beth am y Nosweithiau Llawen a gynhelid bob nos, a'r un ohonynt yn dechrau cyn deg? Ceisiais holi'n swil a ellid llacio ychydig ar y rheol honno, ond yn ofer.

Fore Sul, a minnau'n eistedd yn y lolfa eang ynghanol dieithriaid mi dybiwn, dyma ddyn trwsiadus canol oed yn rhuthro i mewn atom gan dasgu fel gwreichionen o gylch y stafell. Daeth ataf ac edrych i fyw fy llygaid.

'Cymro wyt ti?' gofynnodd.

'Ie,' atebais ac aeth yntau ymlaen at y gweddill yn eu tro gan luchio atynt yr un cwestiwn, a syndod oedd canfod cynifer ohonom oedd yn bobol yr Eisteddfod. Roedd y dyn diarth wedi'i gorddi gan y rheol cau am ddeg, ac ofer fu pob perswâd o'i eiddo yntau i'w newid. Felly yr unig ateb oedd trefnu deiseb, a buan y casglodd ddigon o enwau a chael y Warden i newid ei feddwl.

Fe weithiodd y cynllun; cawsom ein Nosweithiau Llawen a chyfle i ddiolch i'r dyn caredig o Lundain am ei weledigaeth. Heb wybod dim pwy ydoedd, dim ond ei enw, roeddem wedi cyfarfod a dechrau ar gyfeillgarwch oedd i barhau dros nifer o flynyddoedd. Wel, rhyw fath o gyfeillgarwch o leiaf!

Y flwyddyn ddilynol, yn Eisteddfod Ystradgynlais, roedd hi'n wythnos anarferol o oer a gwlyb. Roedd y cyfaill a minnau wedi trefnu i aros mewn ysgol, ac mi wn fod gan gannoedd o eisteddfodwyr atgofion di-rif am y nosweithiau di-gwsg ar welâu bregus. Ond yr oerfel a'n cadwai rhag cysgu y noson honno. Gwelais ef yn codi'n sydyn a diflannu fel ysbryd, cyn dychwelyd â baich o flancedi i'w rhannu rhyngom.

Y flwyddyn wedyn, ym Mhwllheli, a'r ddau ohonom wedi trefnu eto i aros mewn ysgol, gorweddwn ar fy ngwely gwichlyd yn hwyr nos Sadwrn a chlywais sŵn fel awyren. Allan â mi a gweld clamp o gar a'i ben blaen yn ddigon mawr i wneud tri char rhesymol, a'r gyrrwr yn ceisio pob sgêm i'w gael trwy'r glwyd i iard yr ysgol. Wedi llwyddo, fe'i gadawodd yno'n llonydd am yr wythnos. Y cyfaill o Lundain oedd y gyrrwr – wedi cyrraedd mewn hen Lagonda o'r flwyddyn 1935!

W J Gruffydd a goronwyd y flwyddyn honno am ei bryddest 'Ffenestri', a phan ddychwelodd drannoeth nid oedd unman ar gael iddo i roi'i ben i lawr dros nos. Dyma'n cyfaill yn ad-drefnu seddau'i gerbyd a'u troi'n wely cysurus, a thrwy ffenestri'r Lagonda y gwelodd bardd y Goron y

Tawe Griffiths, Llundain (arweinydd y Gymanfa Awyr Agored), y Prifardd Llew Jones (Bardd y Goron) a fi (enillydd y Prif Adroddiad), Eisteddfod Genedlaethol Glynebwy, 1958

wawr yn agor dros Bwllheli.

Ond ar bnawn Sul cynta'r Eisteddfod dyma dri ohonom yn troi am Aberdaron – y cyfaill, minnau a myfyriwr ifanc o'r enw John Gwilym Jones. Ie, y Prifardd a'r cyn-Archdderwydd, ac mae llun o'r tri ohonom yn fy meddiant, yn eistedd ar un o greigiau Uwch Mynydd yn wynebu Ynys Enlli. Y noson honno, dyma'r gŵr o Lundain yn crynhoi nifer fechan ohonom at ein gilydd a'n cymell i ddechrau canu emynau, ond buan y chwyddodd yr hanner dwsin yn ugeiniau, ac yn gannoedd cyn diwedd yr wythnos, ac yntau wrth ei fodd yn arwain bob nos.

Gyda'r blynyddoedd, daeth y Gymanfa awyr agored yn un o'r atyniadau mwyaf poblogaidd; fe'i cynhelid mewn man amlwg yn nhre'r Eisteddfod, a chyrhaeddodd ei phinacl ym Mhrifwyl Aberdâr gyda thorf o dros bum mil ar y nos Sadwrn olaf o gylch cofeb Caradog. Gwelid y plismyn â gwên ar eu hwynebau wrth gyfeirio'r traffig hyd strydoedd eraill, a'r arweinydd yn foddfa o chwys wedi diosg ei gôt, a rhai o'r gwragedd caredig yn estyn iddo 'dishled' o de bob hyn a hyn. Bu'r canu mewn bri am rai blynyddoedd wedyn, ond daeth y cyfan i ben pan ddechreuodd criw meddw ac afreolus wthio'u hunain i'r cylch. Aeth hynny at galon fy nghyfaill.

Ond pwy oedd y gŵr yma, â'r llais tenor hyfryd, y treuliwn wythnos lawn yn ei gwmni ym mhob Eisteddfod Genedlaethol? Cwmnïwr diddorol, a chaem hwyl ar dynnu'i goes, a thrafod pawb a phopeth – pawb heblaw ef ei hun! Byddai'n darllen ei Feibl yn gyson, ond hyd y gwn nid oedd yn aelod o unrhyw eglwys na chapel. Roedd ganddo argyhoeddiadau cryfion, a bu'n wrthwynebydd cydwybodol yn ystod yr Ail Ryfel Byd. Ond beth oedd ei waith? Roedd yn byw yn Chelsea. A oedd ei waith yn ymwneud â gyrru llawer? Rhaid ei fod yn yrrwr go dda i gyrraedd Pwllheli mewn Lagonda. Rhyw waith cyfrinachol, hwyrach? Beth am ei deulu? Brodyr? Chwiorydd? Dim syniad, a'i enw'n unig a roddai gliw o ba ardal y deuai.

Yn Eisteddfod Llanelli cawsom ystafell fechan i bedwar ohonom, eto yn un o ysgolion y dre. Roeddwn wedi derbyn gwahoddiad i feirniadu yn Eisteddfod Jewin yn yr hydref, a dyma fentro – gyda chymorth un neu ddau arall – i bwysleisio'r ffaith honno i weld beth fyddai'i ymateb. Dywedais mor bryderus oeddwn ynglŷn â mynd i Lundain, sut y medrwn chwilio fy ffordd o gwmpas, a sut y dychwelwn yn hwyr nos Sadwrn i'm llety yn Tottenham Court Road, lle bynnag oedd y lle hwnnw. Codais bob math o fwganod, a'r gweddill yn llawn cydymdeimlad â mi, gan ddisgwyl iddo ddweud y deuai i'm cyfarfod neu i'm danfon yn ôl, ond ni ddangosodd y diddordeb lleiaf, na chynnig cyngor na chyfarwyddyd.

Cofiaf y noson honno yn Eisteddfod Jewin – cystadlu brwd, y neuadd yn orlawn, cyfarfod â nifer o ffrindiau yn cynnwys Hafina Clwyd ac athrawon eraill. Pawb yn groesawgar a llawer yn fy ngwahodd atynt i ginio trannoeth. Ond ni ddaeth y cyfaill o Chelsea ar gyfyl y lle, ac yntau mor hoff o eisteddfod. Peth od!

Bu yn y Brifwyl droeon wedyn, er bod llawer o'r hen frwdfrydedd wedi oeri. Mae'n siŵr nad yw ar dir y byw erbyn hyn, er na chlywais air am ei farw, ond erys nifer o atgofion ohono, o'r bore Sul hwnnw yn y Rhyl, yr hen Lagonda ar iard ysgol Pwllheli, y pnawn tawel ar greigiau Aberdaron, a'r bluen lachar a enillodd am arwain y pum mil yn Aberdâr. Ond ar draws y penodau difyr gwelir mewn llythrennau breision – TAWE – DIRGELWCH.

OLYMPIA

Mae'n syndod cynifer o chwaraeon a gornestau o bob math a ddaeth yn boblogaidd trwy gyfrwng y teledu. Un o'r rhai cyntaf a ddenodd sylw gwlad, a hynny'n ôl ym mlynyddoedd cynnar y teledu du a gwyn, oedd y sioe neidio ceffylau, ac edrychwn ymlaen at wythnos Olympia a'r marchogion Ted a Liz Edgar, Harvey Smith, Eddie Macken a David Broome ymhlith y rhai a ddaeth yn enwau cyfarwydd mewn miloedd o gartrefi Cymreig.

Byddai'r gwylio fel trydan ambell noson, wrth gyrraedd yr ail neu'r drydedd rownd, a'r neidio yn erbyn ticiadau'r cloc. Dyna pryd y gwelid pob dawn a thric o eiddo'r marchogion ar eu gorau, gydag ambell lam a naid cyflym gan Broome, neu blwc a thro sydyn gan Harvey, yn ddigon yn aml i ennill o fewn trwch eiliad. Ond sut le yw Olympia ei hun?

Cofiaf fynd i Lundain rai blynyddoedd yn ôl, a gweld poster ar y trên yn hysbysebu'r sioe neidio a oedd ymlaen y dyddiau hynny. I ffwrdd â mi tuag yno i sicrhau tocyn erbyn yr hwyr, ond er mawr siom roedd y cyfan wedi'u gwerthu. Cymerwyd fy enw a'm cynghori i ddychwelyd yn gynnar yn y gobaith y byddai rhywun wedi rhoi'i docyn yn ôl, ac felly y bu. Dyma roi ail gynnig arni, ac wrth nesu at y neuadd enfawr bu mwy nag un o adar y farchnad ddu yn ceisio gwthio tocyn arnaf am grocbris, ond ymlaen â mi at y bwth swyddogol a chael bod un yno i mi, a hwnnw'n docyn 'aelod' gyda bathodyn i'w arddangos yn llabed fy nghôt. Rhoddai hwnnw yr hawl i mi gerdded i unrhyw fan ac eithrio i'r stablau.

Prynais gatalog lliwgar, ac i mewn â mi i le oedd â'i enw mor adnabyddus – Neuadd Fawr Olympia. Y syndod cyntaf oedd gweld rhyw gylch allanol yn llawn stondinau yn gwerthu pob math o offer a nwyddau, a llawer o'r gwerthwyr huawdl o'r cyfandir, ac yn naturiol roedd yno amrywiaeth o daclau ceffylau i lygad-dynnu pawb. Wedi bwrw awr ddifyr ynghanol y miloedd, ymlaen â mi i'r cylch mewnol ac i fyny i'm sedd i wylio'r ceffylau a syllu o'm cwmpas bob yn ail, gan ryfeddu fod y cylch neidio mor gyfyng a'r clwydi llachar yn agos at ei gilydd.

Mewn corlan fechan gaeedig yn y talcen pellaf eisteddai'r marchogion yn sgwrsio a llygadu pob dim, a nifer o stiwardiaid yn eu gwarchod rhag i neb aflonyddu arnynt. Ymhen tipyn codais a cherdded yn araf hyd y llwybr cefn oedd yn arwain tuag yno, gan ofyn i un ohonynt a oedd modd cael llofnod un neu ddau ohonynt, ond 'na, dim o gwbl' oedd ei ateb cwrtais a phendant.

Sylwais yn fuan ar ôl cyrraedd fod y llofft yn llawn o gabanau moethus, a chystal gwneud defnydd o'r bathodyn aelod. Doedd dim o'i le mewn busnesu diniwed, felly dringais y grisiau tuag yno; buan y gwelwn ambell swyddog cyhyrog yn brasgamu tuag ataf yn wyllt, ond wedi taflu llygad at y bathodyn yn arafu a throi'n ôl, ac ambell un yn ymddiheuro. Roedd y cabanau wedi'u noddi gan gwmnïau masnachol, ac enw pob cwmni mor amlwg ag 'Euston' ar stesion Llundain, ac yno y llechai'r crachach gan edrych ar bob symudiad islaw fel haid o gudyllod ar graig uchel. Roedd pob gŵr mewn siwt ddu a chrys gwyn, a'r gwragedd yn eu sgertiau llaes, eu modrwyau a'u tlysau'n fflachio dan y golau llachar, gyda merched prysur yn eu capiau a'u ffedogau gwynion yn cario bwyd a diod i'w byrddau a mwg sigârs fel cwmwl o darth drewllyd yn hofran uwchben.

Wrth gerdded ymlaen o gam i gam, yn sydyn – mor sydyn â llwynog Williams Parry – deuthum wyneb yn wyneb â David Broome yn ei gôt goch, gyda'i gap a'i chwip o dan ei gesail. Gofynnais iddo'n frysiog a fyddai'n fodlon rhoi'i lofnod i mi.

'O ble dach chi'n dod?'

'O Gymru.'

'Pa ran o Gymru?'

'Ger Aberystwyth.'

'Gyda phleser,' meddai, ac estynnais fy meiro a'm catalog iddo.

'Diolch yn fawr.'

'Croeso!' meddai cyn diflannu mor sydyn ag y daeth.

Ac i lawr â mi yn ôl i'm sedd i fwynhau gweddill y noson, cyn cerdded tua'r stesion ac yn ôl i'm gwesty. Mae'r bathodyn bach melyn a'r catalog brown gennyf o hyd, a llofnod David Broome ar gornel uchaf yr ail dudalen, y cyfan yn brawf o ymweliad un dyn bach o'r wlad â'r sioe neidio ceffylau, a chael troedio am unwaith ymysg gwerin a chyfoethogion byd, gan ryfeddu a dysgu llawer.

Noson gofiadwy oedd honno yn Neuadd Fawr Olympia.

Y SAMARIAD

Erbyn hyn, rhyw anghenfil o dractor a welir ar y rhan fwyaf o'n ffermydd a rhaid mae'n debyg wrth dractor o'r math yma i gyflawni gwaith trwm yn effeithiol.

Ond unwaith bu'r tractor Ferguson, neu'r Ffergi bach fel y'i gelwid, yn boblogaidd iawn ar y tir, ac un felly oedd gyda ni erstalwm – nid yr un disel, ond y Ffergi a redai ar TVO. Byddai'n ofynnol wrth ddracht go dda o betrol i'w gychwyn, ac ar ôl rhai munudau wedi iddo boethi'n iawn, troi'r tap i'r TVO, felly roedd yn bwysig cadw'r tun petrol wrth law; heb hwnnw, ofer fyddai pob corddi a gwthio i'w danio.

Yn y dyddiau hynny, pan oedd eisteddfodau mewn bri, byddwn yn galw yn y pentre am betrol i'r car, ac yna'n rhoi galwyn neu ddwy mewn tun a'i guddio mewn man hwylus y tu cefn i'r garej gan alw amdano ar fy ffordd adre, a hynny gan amlaf yn oriau mân y bore. Fe erys un o'r troeon hynny'n glir yn y cof. Cychwyn yr oeddwn i Eisteddfod Trisant, gan alw am betrol i'r car a llenwi'r tun bach a'i guddio'n ofalus fel arfer, ac yna ymlaen i'r eisteddfod. Lle bychan yw Trisant, heb fod ymhell o Bontarfynach, ond yno bob blwyddyn y cynhelid un o'r eisteddfodau mwyaf llwyddiannus. Byddai'r lle'n ferw o brysurdeb, y capel dan ei sang a chystadleuwyr yn heidio yno o bell ac agos. Cynhelid hi yn niwedd Medi pan fyddai'r cynhaeaf wedi'i grynhoi a ffermwyr llawer bro ymhlith y gwrandawyr selog, ac felly go brin y byddai neb yn colli un o ddyddiau pwysig calendr y flwyddyn, Eisteddfod Gadeiriol Trisant.

Y noson honno daeth myfyriwr ifanc o goleg Aberystwyth i gystadlu ar y Prif Adroddiad ac ennill mewn cystadleuaeth dda, a chydag ef roedd merch ifanc o'r un coleg yn gwmni iddo. Ar fy ffordd adre ymhell wedi hanner nos, a phrin filltir o Drisant ar y ffordd droellog sy'n arwain i

Fwlch-crwys cyn cydio yn y briffordd o Bontarfynach i Aberystwyth, mewn man unig gwelwn gar wedi sefyll, sef car yr adroddwr a'i ffrind. Stopiais y car a mynd allan – roedd golwg druenus ar wynebau'r ddau. 'Beth sy'n bod?' holais, a chael yr ateb, 'y car wedi mynd mas o betrol, a ninne eisie mynd i Sir Gâr'.

Wel, ni allwn eu gadael yn y fath sefyllfa, felly dyma helpu i wthio'r car bach i'r ochor a'i gloi. 'Dewch gen i, ry'n ni'n siŵr o ga'l petrol yn rhywle,' meddwn yn hyderus, ac felly y bu. I lawr trwy Gapel Seion a chyrraedd Aberystwyth, ac erbyn hyn dros ddeng milltir oddi wrth y car, ond ofer pob chwilio – nid oedd yr un orsaf betrol ar agor.

Cofiais yn sydyn am betrol y Ffergi bach, ac nid oedd un ateb arall i'r sefyllfa ddyrys ond gyrru saith milltir tuag adre, galw am y tun petrol a throi'n ôl eilwaith am Drisant. Cyrraedd, ac arllwys y cyfan i grombil gwag y car – a'r petrol hwnnw aeth â'r ddau i Sir Gâr. Oes, mae llawer blwyddyn ers hynny ac yn anffodus mae Eisteddfod Trisant, fel y Ffergi bach TVO, erbyn hyn ymhlith a fu.

Ond pwy oedd y llanc a'i ferch y gellid yn hawdd y noson honno eu cyffelybu i'r morynion hynny a anghofiodd roi olew yn eu lampau, y naill i wledd priodas a'r llall i wledd eisteddfodol? Mae'r ddau yn briod ers blynyddoedd a'u lleisiau'n adnabyddus, ac ar ôl Eisteddfod Trisant enillodd yr adroddwr hwnnw fedal Llwyd o'r Bryn a choron yr Eisteddfod Genedlaethol ac mae ei frodyr yn Brifeirdd. Tybed a ydynt yn cofio'r noson honno a'r olwg druenus ar eu hwynebau wrth iddynt ddweud, 'y car wedi mynd mas o betrol!'

CYFARFOD Â THEGLA

A minnau ond hogyn ifanc, cofiaf fy mam yn dychwelyd o'r dre un diwrnod ag anrheg i mi. Llyfr bychan clawr caled ydoedd, ac y mae gennyf o hyd. Nid oedd dim ar ei gloriau yn rhoi unrhyw syniad o'i gynnwys, dim ond y teitl *Hunangofiant Tomi* gan E Tegla Davies, a thu mewn y geiriau 'Cyflwynedig i'm merch fach Dyddgu sy'n helpu'i mam a minnau i ddysgu gwers bwysicaf bywyd, bod fel plant bychain'.

Ond ar ôl dechrau darllen y llyfr nid oedd modd i mi ollwng gafael arno nes cyrraedd y gair olaf, ac yna'n ôl i'w ddarllen dro ar ôl tro. Daeth Tomi Sarah Jones a'i droeon diniwed bron yn un o'r teulu, fel y bu ar gannoedd o aelwydydd eraill, a byddai rhyw ddigwyddiad yn siŵr o'n hatgoffa am achlysur tebyg yn hanes yr hogyn bach hwnnw. Pwy all anghofio cinio Sul y Pregethwr, Llew y Foel a direidi Wil Llan, a'r paratoi at y gyngerdd honno, y fam yn ei French Mreina, ei sane ffansi a sgidiau lastig, gyda'r tad yn ei drowser plod du a gwyn a'i het Jim Crow, a phan gamodd Tomi bach i'r llwyfan i adrodd y darn hwnnw o waith y bardd lleol, Llew y Foel, aeth yn nos arno:

> Fuddugwr dewr, dos yn dy flaen
> I ennill mwy o wobrau,
> A phaid â hidio'r gwybed mân
> Sy'n cyfarth wrth dy sodlau.

Cofio hefyd am y diwrnod yr aeth â dillad glân i Jac ei frawd yn yr Hafod, a'r argraff a gafodd o fywyd gwas fferm. Y tu ôl i'r storïau, yr hiwmor a'r troeon trwstan ceir gan yr awdur bortread o fywyd teulu cyffredin yn nechrau'r ganrif ddiwethaf, ond darllen y llyfr bach hwnnw a roes ynof yr awydd i ymddiddori mewn llyfrau, a daeth Tegla yn un o'm harwyr pennaf dros y blynyddoedd. Tebyg i mi brynu a darllen y rhan

Edward Tegla Davies – Llenor a Phroffwyd, ac awdur Hunangofiant Tomi

fwyaf o'i waith, a chael blas hyd heddiw ar ddarllen ei ysgrifau sydd wedi'u sgrifennu mewn Cymraeg graenus ac yn batrwm i lawer o'n llenorion cyfoes.

Nid oeddwn erioed wedi cyfarfod â'r awdur, dim ond ei glywed yn sgwrsio ar y radio, a'i weld a'i glywed yn pregethu un Sul yn yr Eisteddfod Genedlaethol, a bu'n rhaid aros am flynyddoedd cyn dod wyneb yn wyneb ag ef. Wythnos y Brifwyl yn Llangefni ym 1957 oedd hi, a minnau yn y

Babell Lên – a oedd yn orlawn – yn gwrando arno'n traddodi'i feirniadaeth ar y nofel. Gwnâi hynny heb gymaint â nodyn o'i flaen, a phawb yn rhyfeddu at ei gof wrth roi'i sylwadau manwl ar waith pob cystadleuydd, gan ddyfynnu ambell frawddeg o waith rhai o'r cystadleuwyr.

Yn ddiweddarach y bore hwnnw safwn ar y maes yn sgwrsio â T Llew Jones ac Alun Jones y Cilie. Pwy welem yn cerdded i'n cyfeiriad, fel pe bai rhyw lwybr cudd yn eu harwain, ond Tegla a'r Prifardd Gwilym R Tilsley. Gwisgai Tegla het ddu ar ei ben, ac roedd un llaw yn pwyso'n drwm ar ei ffon a'r llall yn gafael yn dynn ym mraich ei gyfaill. Safodd y ddau ar ein pwys, a Tilsley yn cyflwyno'r tri ohonom iddo, a chofiaf y wefr a deimlais wrth ysgwyd ei law.

Wedyn munud neu ddau o sgwrsio cyn iddynt ymadael, ac fel y cerddai'r ddau oddi wrthym, sylwais ar T Llew yn syllu'n freuddwydiol arnynt cyn troi at Alun a minnau gyda rhyw fflach yn ei lygaid. Meddai, 'Fechgyn, ry'n ni wedi cael y fraint o gyfarfod Tegla.' Eitha gwir, a minnau hefyd y funud honno wedi cael y fraint ychwanegol o weld dau o feistri llenyddiaeth, a dau sydd wedi cyfrannu mor gyfoethog i'n cenedl, y ddau yn cyfarfod am y tro cyntaf, a'r unig dro hefyd.

Eiliadau prin yw'r eiliadau gwefreiddiol, ond pan ddeuant maent yn sicr o aros am byth. Profiad felly oedd cyfarfod ag awdur *Hunangofiant Tomi*.

T. Llew Jones

NEWID ARDAL

odwyd byngalo Rosina a minnau ar gae Pant-haul, cae bychan ar fin y ffordd. Cofiaf ei aredig â cheffylau a thyfu tatws a llysiau arno, a naturiol felly oedd galw ein cartref wrth enw'r cae. Y rheswm pennaf i ni ddychwelyd i Gwm Eleri oedd er mwyn cael bod o fewn cyrraedd i'm rhieni fel y medrwn roi help llaw iddynt a'u cludo yn y car pan fyddai angen.

Roedd ein byngalo o dan goed deri yn llygad haul ac yn sŵn yr afon, a chan ein bod yn teithio i'n gwaith yr un amser nid oedd angen dau gerbyd arnom. Roedd gennym forgais o ddwy fil o bunnau ar y byngalo, ac roedd fy mam yn poeni'n arw am hynny gan gynnig ein helpu i'w dalu. Byddwn innau'n codi pob math o sgwarnogod gan ddweud ein bod yn arbed talu ychydig o dreth incwm, ond ei hymateb bob tro fyddai, 'ond rydech chi mewn dyled'. Ni chredai mewn prynu dim oni fedrai dalu amdano, ac os na allai fforddio — wel, byw hebddo.

Mam — bu farw Ionawr 1979

I Grist rhoes ei chred ddi-gryn — un rasol
A'i chroeso'n ddiderfyn;
Rhoed mam dawel, ddi-elyn
I'w hir gwsg ar Ionawr gwyn.

Ym mis Awst byddai Rosina a minnau'n mynd ar wyliau i'r cyfandir, a cheisio dal i fyny â'r blynyddoedd a gollais pan oeddwn yn ifanc, pan nad oedd na'r cyfle na'r modd i fynd ymhell. Eto, i'm rhieni, doedd y syniad ein bod yn mynd dros y môr ddim yn hollol dderbyniol, ond byddai Fred a Jane a'r plant Nia a Dewi – oedd yn fychan yr adeg honno – yn dod i Bant-haul tra byddem i ffwrdd, ac roedd hynny'n plesio i'r dim. Buom yn ymweld â nifer o wledydd, gan gael profiadau diddorol a chyfarfod â phobol wahanol, a bu'r cyfan yn gyfle i ffoi o fyd llyfrau ac eisteddfod am ychydig.

Cofiaf un noson i bâr ifanc alw i'n gweld. Roedd ef yn fyfyriwr ac yn Sais rhonc o gyffiniau Birmingham, hithau'n ferch o'r Iseldiroedd; roeddent yn byw dros dro heb fod ymhell o'n cartref. Gofyn roeddynt am gael dod i'r dre gyda ni trannoeth gan fod eu car yn y garej. Roedd gan y wraig ifanc ddiddordeb yn yr ardal ac mewn enwau lleol, ac wrth ei bodd yn

ynganu enwau nifer o'r ffermydd – Moelgolomen, Penpontbren Uchaf, Cyneinog – gan wneud hynny mor naturiol â phe buasai'n Gymraes uniaith. Yna trodd at ei gŵr a gofyn iddo yntau roi cynnig arni, ond ei ymateb surbwch oedd, '*Why should I?*'

Bu farw fy mam yn niwedd Ionawr 1979. Ni fu erioed mewn ysbyty cyn ei naw diwrnod olaf.

'Nhad – bu farw Chwefror 1980

Ei nef fu cwmni defaid – a rhannu
Cyfrinion bugeiliaid;
Difyr oedd, ond mynd fu raid
I gôl Un – Bugail enaid.

117

Cofiaf adael gyda Rosina tua phedwar o'r gloch ar fore Sul i ddychwelyd adre i dorri'r newydd i nhad. Roedd yn fore oer a rhewllyd, y ddaear fel concrid a haenen drwchus o eira dros y cwm. Gadewais y car ym Mhanthaul a cherdded i fyny'r caeau gan aros am funud a phwyso fy mhen-glin ar alsen llidiart cae-tan-graig, y wawr heb dorri a rhyw dawelwch dros bob man, cyn cerdded ymlaen i'r hen gartref. Dyma'r profiad y ceisiais ei fynegi yn fy ngherddi 'Atgof' a enillodd goron Llandegfan i mi.

Aethom ati i godi estyniad i'n byngalo fel y medrai nhad ddod atom, pe bai ond i gysgu'r nos, ond anodd oedd iddo ildio gan fynnu aros yn Wern-deg. Yn anffodus, bu'n rhaid iddo roi i mewn yn y diwedd ac ymhen tri mis ar ddeg, ar y nawfed ar hugain o Chwefror, 1980, a oedd yn flwyddyn naid, bu yntau farw, ac am y tro cyntaf erioed – a hynny dros lawer canrif – roedd yr hen gartre'n wag.

Rhywsut, nid oedd dim bellach yr un fath, ac er gosod y tŷ a'r caeau am ychydig teimlwn mai dibwrpas oedd cario ymlaen, felly dyma benderfynu gwerthu'r fferm. Fferm fechan eitha trafferthus i'w thrin oedd hi, ac ni ddisgwyliwn gael traean o'r prisiau a gynigir heddiw. Yr hyn a'm cythruddodd oedd gweld y Llywodraeth yn dwyn pymtheg mil o bunnau o'r gwerthiant, ac er gwneud hynny o dan yr enw parchus 'Capital Gains Tax' nid

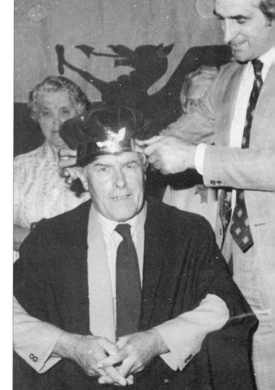

Coron Llandegfan 1984 am y gerdd 'Atgof' – y beirniad oedd John Gwilym Jones

Rosina a fi ar ein gwyliau yn Sbaen ym 1999

oedd ond lladrad. Minnau'n cofio fy rhieni a welsant ddyddiau caled ac na fuont ar ofyn neb na bod mewn dyled o geiniog, a phan ddeuai colledion ar ambell aeaf garw gorfod wynebu'r cyfan yn dawel, ac oni roddais innau fy mlynyddoedd gorau yn ceisio ysgafnhau ychydig ar eu gwaith? Mor wir yw cwpled T Gwynn Jones:

> Lle daw ar neb lladron waeth
> Na lladron y Llywodraeth...

Wedi bron ugain mlynedd yn y Cyngor Llyfrau penderfynais ymddeol, a gwnaeth Rosina yr un peth. Bu'n gyfnod diddorol, gan roi i mi gyfle i gydweithio gydag eraill yn y Ganolfan a'r swyddfa. Hyfryd oedd y berthynas agos a chartrefol rhwng pob un o'r staff, a gwerthfawrogaf y cyfan. Cadwaf o hyd mewn cysylltiad â'm cyfeillion, a braf gweld y Cyngor Llyfrau'n parhau i ffynnu ac i ymestyn ei ffiniau'n gyson.

Gwelwn y Cwm yn newid yn gyflym, a chofiaf gefnder i nhad a'i

briod, a ddeuai i ymweld â ni
bob haf o Lundain, yn dweud
nad oeddynt wrth fyw yn
Llundain, yn adnabod y bobol
drws nesaf na neb yn eu stryd.
Teimlwn eu bod yn ddau od,
a minnau'n adnabod pawb am
filltiroedd o'm cwmpas.
Ychydig a feddyliwn y deuai'r
un profiad i minnau, pan
ddaeth teulu i fyw mewn bwthyn o fewn dau dafliad carreg i mi. Pwy
oeddynt? O ble y daethant? Beth oedd eu gwaith, os mewn gwaith o
gwbl? Dim ond gweld cip arnynt yn mynd heibio yn eu car a wnawn.

Bellach, nid oedd dim i'n cadw yng Nghwm Eleri er i mi ganu mwy
nag un gerdd iddo, ond cwm gwahanol ydoedd yr adeg honno. Buom yn
ffodus i brynu tŷ yn Aberystwyth mewn man cyfleus yn Llwyn Afallon
sy'n arwain i Cae Melyn. Cymry Cymraeg yw'r mwyafrif sy'n byw o'n
cwmpas, a chymdogion rhagorol. Mor hwylus ydym i'r ysbyty a'r stesion,
y llyfrgell a'r siopau, ac mewn man tawel a chysgodol i wynt y gogledd.
Awn yn ôl i Dal-y-bont o dro i dro gan gadw ein haelodaeth ym Methel
hyd yn hyn, er bod y lle'n dieithrio mwyfwy o hyd, ac ychydig iawn yw'r
cartrefi y medrwn alw ynddynt, ond diolch am berthynas â rhai cyfeillion
o hyd.

Yma yn Aberystwyth bob nos Wener dros dymor y gaeaf cynhelir
Cymdeithas yr Aelwyd, sy'n llewyrchus tu hwnt, ac ers gwerthu Aelwyd
yr Urdd buom yn ffodus i gael cartref cysurus yn festri Seion yn Stryd y
Popty, lle daw cynulleidfa dda ynghyd. Yno gwelir y diwylliant Cymraeg
ar ei orau, a phawb mor groesawgar a chartrefol, a chefais y fraint o fod yn

Llywydd fwy nag unwaith.

Eleni daeth dros bedwar ugain o ddisgyblion hŷn yr Ysgol Gymraeg atom i gyfarfod a gynhaliwyd y noson honno yn y capel. Rhaglen deyrnged i mi oedd hi, gyda'r Prifathro a dau o'r disgyblion yn cydio'r eitemau a'r cyfan o dan hyfforddiant Mrs Margaret Thomas. Ni wyddwn ddim am natur y noson nes cyrraedd, a theimlwn yn hynod swil, ond mawr fy niolch a'm gwerthfawrogiad i'r athrawon a'r plant, a hyfryd oedd eu gweld yn canu ac adrodd darnau o'm gwaith – yn unigolion, yn bartïon a chôr – heb yr un darn o bapur o'u blaenau, a'r cyfan gyda graen ac awyrgylch arbennig. Dros y blynyddoedd bûm yn cyfansoddi nifer o gerddi i'r ysgol; pleser bob amser yw gwneud hynny, a bydd pob dim a gyflwynir gan Margaret yn arddangos sglein a'r safon uchaf. Blant yr Ysgol Gymraeg, gwyn eich byd a diolch ar fy rhan innau.

Côr Ysgol Gymraeg Aberystwyth yn Eisteddfod Ryngwladol Llangollen gyda'u harweinydd, Margaret Thomas, a'r cyfeilydd, Mary Morris

PWYSO A MESUR

Roedd gan fy nain gramaffôn erstalwm, a threuliais oriau lawer yn gwrando ar yr ychydig recordiau oedd ganddi, yn arbennig William Edwards Rhydymain yn canu 'Hon yw fy Olwen i'. Clamp o focs sgwâr ydoedd, corn hir yn codi o'i grombil, a handlen fechan ar yr ochr, a bûm yn rhyfeddu a rhyfeddu sut y deuai'r lleisiau ohono.

Pan oeddwn yn blentyn, nid oedd gennyf fawr ddim teganau. Cofiaf y gof yn gwneud cylchyn, a byddai dilyn hwnnw'n bleser ac yn hwyl i ddegau ohonom. Mor wahanol yw pethau erbyn hyn, y teganau drudfawr, y cyfrifiaduron a'r we yw'r cyfan, er mae'n amheus gennyf a ydy plant yr

Cael fy nerbyn i'r Orsedd gan yr Archdderwydd Cynan yn Eisteddfod Caerffili, 1950

Cyfarch y Prifardd Iwan Llwyd, Eisteddfod Cwm Rhymni, 1990

oes yma mor hapus ag yr oeddem ni. Rhyfedd y newid a fu ym mhob cylch o fywyd. Ar ddiwrnod angladd byddai pob tŷ yn gostwng y bleinds i ddangos parch, ac os digwyddai bod rhywun ar y stryd wrth i'r hers fynd heibio byddai'n aros gan dynnu'i gap a phlygu pen.

I mi, trist yw gweld ein capeli'n cau, gyda chwaraeon a'r archfarchnadoedd yn denu'r miloedd, ac nid yw addoli'n apelio bellach, er mawr gywilydd inni. Cofiaf fel y byddai'r ffordd yn llawn pan fyddai pobol yn ymlwybro i'r Tabernacl a Bethel. Mae gennyf lawer o le i ddiolch i'r capel, yn arbennig yr Ysgol Sul a gweithgareddau eraill lle cefais y cyfle i roi ar gof ugeiniau o adnodau ac emynau – y fath drysorau! Byddai pob côr ym Methel ar y llofft a'r llawr yn llawn bob Sul. Eleni, ar ôl bod yn ddiacon am hanner can mlynedd, rhoddais y gorau iddi gan hyderu y bydd rhywrai ifanc yn gafael yn yr awenau.

Bûm yn eisteddfodwr pybyr erioed, gan ddilyn pob Eisteddfod

Y Parchedig Morlais Jones a diaconiaid Capel Bethel, Tal-y-bont, ym 1953

Genedlaethol yn ddi-fwlch am bum deg pedwar o flynyddoedd. Cefais fy nerbyn i'r Orsedd yng Nghaerffili ym 1950, ac yna fy nyrchafu i'r wisg wen yn y Drenewydd ym 1965. Bûm yn weddol ffyddlon i'r seremonïau, ond ar ôl cyfarch bardd y goron yng Nghwm Rhymni, teimlwn y gwres ar y llwyfan yn llethol.

Mae'r Orsedd yn sefydliad hardd a deniadol, a byddai'n drueni ei cholli. Ond bellach, gyda thair seremoni llwyfan yn ystod yr wythnos, oni ellid cwtogi ychydig arni? Nid oes angen y beirniadaethau hir; byddai ychydig sylwadau ar y goreuon yn ddigon, gan fod cyfle i bob beirniad gyflwyno'i feirniadaeth yn llawn yn y *Cyfansoddiadau*.

Rwy'n teimlo siom ein bod fel cenedl yn rhy barod i gofleidio diwylliant gwaelaf y Saeson a'r Americanwyr. Gwan a di-chwaeth yw cynnwys llawer o'n rhaglenni ar y cyfryngau, ac aeth diota'n rhemp. Cawsom ein rhybuddio gan Emrys ap Iwan, 'os mynnwch ddynwared y genedl nesaf atoch, dynwaredwch hi yn y pethau mae hi yn rhagori arnoch'. Ni wrandawsom arno, a heddiw rydym yn gorfod talu'r pris.

Diolch bod nifer dda o'n pobl ifanc o hyd yn cyflawni gwaith rhagorol.

Pan oedd Saunders Lewis yn llanc ifanc yn Lerpwl, byddai'n mynychu rhai o'r theatrau ac yn ysgrifennu adolygiadau i rai o bapurau'r ddinas. Un noson dywedodd ei dad wrtho, 'Saunders, ddaw dim ohonot heb ddychwelyd at dy wreiddiau'. Ymhen blynyddoedd – ac yntau'n filwr ifanc yn un o ffosydd Ffrainc – daeth geiriau'r tad yn ôl iddo, a phenderfynodd os câi ddychwelyd adre y rhoddai o'i orau i'w wlad. Dyna a wnaeth, ac mae ei gyfraniad i'n llenyddiaeth yn amhrisiadwy.

Gymry ifanc, dowch yn ôl at eich gwreiddiau, ailgodwch yr hen genedl ar ei thraed, a dychwelwch at y llwybrau a gollwyd, fel y gellir gwireddu geiriau'r hen fardd o'r bymthegfed ganrif, sef Iorwerth Fynglwyd:

> Er rhoi niwl ar yr hen iaith,
> O'r un niwl yr awn eilwaith.

DARNAU O WAITH J R
NAS CYHOEDDWYD

SALM – I'R CYMWYNASWYR

Dduw ein Tad, ein crëwr a'n cynhaliwr, bendigwn dy enw ar y delyn a'r gitâr.

Dirgelwch inni yw dy fawredd a'th ddaioni; yr wyt yn parhau i ledaenu dy dosturi er ein holl gamweddau.

Gweddus yw mawl, ac na thawed ein geneuau ddiolch am ddilynwyr y Gair, a charedigion yr ail filltir a fu'n dystion i'r gwirionedd yn eu llafur ffrwythlon.

Ti a'n hordeiniaist yn ddeiliaid y genedl fechan hon, gan roddi inni iaith a diwylliant i'w trysori.

Diolchwn am y rhai a ymlafniodd ynddi o genhedlaeth i genhedlaeth, a'u calonnau ar dân dros barhad y Deyrnas dragwyddol.

Codasant dabernaclau o Fynwy i Fôn yn nannedd tlodi a gorthrymder, er lledaenu y Newyddion Da, gan neilltuo un dydd o bob saith i glodfori dy gariad ac i ddiolch am bob cynhaliaeth.

Cofiwn y gwragedd di-sôn-amdanynt, y rhai a fu'n paratoi'r bara a'r gwin ar liain gwyn dy allor, yn deilwng o goffadwriaeth dy Fab.

Breintiaist rai â doniau a amlygwyd mewn cerdd a chân, eraill â nod eu celfyddyd wedi'i serio mewn maen a phren, darlun a phaent.

Bendigwn y rhai hynny a sylfaenaist yn bileri yn eu bröydd, i wrthsefyll pob annhegwch, gan ledaenu goleuni a dysg i werin anllythrennog; dyrchafu ei safonau byw, ac adennill hyder y rhai a fu yn gaethion yng ngefynnau eu meistri cyfalafol.

Diolch am y rhai yn ein dyddiau ni sy'n ysu am ddileu rhengoedd y di-waith, fel na bo'r un teulu yn ddibynnol ar gardod y Wladwriaeth.

Diolch am ei hieuenctid, megis gwylwyr ar y mur sy'n effro i bob bygythiad, a pharod i'n hysgwyd o'n cysgadrwydd.

Na foed taw ar ein clodydd i famau gogoneddus ein daear, a'r rhai sy'n cysgodi yr hen a'r methedig, a'r eneidiau eneiniog sy'n gweini yn ein hysbytai.

Ond gwyliwn yn y dyddiau sydd ohoni rhag y proffwydi gau sy'n sleifio i'n plith fel llwynogod y nos, a'u cymhellion gwenieithus yn ein hudo i ymadael â'r hen lwybrau.

Gwared ni rhag codi gwareiddiad ffug ar sylfeini y Sul archfarchnadol, a bwrw'n gobeithion ar hapchwarae a maswedd.

Cyfod eto, drugarog Dad, yn y Gymru hon gymwynaswyr a fo'n graig o gadernid dros ein pobl; cadw ein hiaith rhag ei darostwng a'i sathru i'r baw, a ffynhonnau ein diwylliant rhag sychu'n grimpiog.

Na foed inni orffwys ar waddol y gorffennol; adnewydda ein nerth fel yr eryr wrth wynebu y dyfodol, a pharhaed y golomen heddwch i nythu yma.

CWANGO

'Ble'r ei di, Jâms Huws, mor fore â hyn
A'r haul heb godi dros war y bryn,
   Ac yn swel i gyd
   Yn dy Volvo drud,
Beth yw'r cymhelliad mor fore â hyn?'

'Cefais anrhydedd sy wedi 'nghyffroi,
A'r hawl i deimlo yn dipyn o foi,
   I lanw swydd fel hon
   Cefais siwt newydd sbon,
Cael yr anrhydedd sy wedi 'nghyffroi.'

'Ond dwêd pa anrhydedd a ddaeth i'th ran,
Dwyt ti fawr o 'sgolhaig – yn siaradwr gwan,
   I roi'r gwir yn llawn
   Does gen ti'r un ddawn,
Felly, pa anrhydedd a ddaeth i'th ran?'

'Nid wrth gynffon coleg, faint bynnag ei hyd,
Y llwydda pawb i ddod 'mlaen yn y byd,
   Mae'n haws bod yn saff
   Trwy gynllunio craff,
Na throi cynffonnau, faint bynnag eu hyd.'

'Ond pam, Jâms Huws, rwyt ti'n celu fel hyn
A chloi dy hun mewn cragen yn dynn?
   Nawr, dwêd wrth hen ffrind
   I ble'r wyt ti'n mynd,
Dim ond pen gair, yn lle celu fel hyn?'

'Wel, mynd i Dre-crach, rwy'n aelod o'r Bwrdd,
Ac mi fyddaf, mae'n siŵr, am dridiau i ffwrdd;
    Mae materion di-ri'
    Ar ein hagenda ni
Y dethol rai, sy'n aelodau o'r Bwrdd.'

'Ond maddau ymhellach am holi yn syn,
Ai ag un o'r Cwangos rwy'n siarad fan hyn?
    Sut y llwyddaist mor rhwydd
    I gyrraedd dy swydd?
Dyna pam y mentraf holi yn syn.'

'Mae'n wir na feddaf ryw lawer o ddawn
Ond mi wn sut i ysgwyd llaw, yn iawn!
    A phorthi yn ewn
    Y Blaid sydd i mewn,
A llwyddo'n grêt heb ryw lawer o ddawn.'

'Ond mae'n gost go drom ar bwrs y wlad
I'th gynnal, Jâms Huws, yn foldew dy stad;
    Pa bwrpas yw cwrdd
    Dan label y Bwrdd,
A'n cloi mewn tywyllwch, ar bwrs y wlad?'

'Rhaid cadw'r wlad rhag mynd ar ei chefn
A ni sy'n gwarchod pob cyfraith a threfn;
    Beth bynnag dy farn
    Rwy'n sefyll i'r carn
Dros les yr hen wlad, rhag mynd ar ei chefn.'

'I anrhydeddu dy waith ar y Bwrdd
Pan fyddi'n ymddeol, a fydd yna gwrdd,
    A phwysigion y lle,
    Yn Neuadd y Dre,
Yn cydnabod dy lafur fel aelod o'r Bwrdd?'

'Daw imi wahoddiad o Balas y Cwîn,
A chaf got gwtws fain, lawr hyd fy mhen-glin,
  Bydd Jâms Huws, *O.B.E.,*
  Yn ddigon i mi,
A lluniau i gofio am Balas y Cwîn.'

CREFFTWR
(Hen Blygwr Gwrych)

Pan ddisgyn llwydrew Mawrth ar noethni'r cwm
Cyn gweld arwyddion deffro yn y coed,
Ymlwybra'n fore yn ei frethyn trwm
A'i gamau sionc fel glaslanc deunaw oed.
Arllwys o'i sach ei lif a'i faneg ledr
A'i filwg wedi'i hogi ar y maen,
Pob toriad llyfn yn brawf o'i ddawn a'i fedr,
Gan glirio bôn y gwrych wrth fynd ymlaen.
Sythu'r polion a llifio'r sodlau'n lân
Cyn cwblhau ei waith â phlethi cyll;
Un cip, cyn ail-grynhoi ei gelfi mân
A dychwel tua thre o flaen y gwyll.
Ac yna gado'r cyfan fel y maent
I ddisgwyl artist Mai a'i wyrddlas baent.

AFGHANISTAN – NADOLIG 2001

A ninnau ar groesi i'r flwyddyn dim dau
Ynghanol ffwndwr ein gwareiddiad brau,
Arweinwyr byd yng ngyddfau'i gilydd
Â'u bygythion ffôl heb unrhyw gywilydd,
Na hidio dim am y rhai ymhob man
Sy'n crwydro'r diffeithwch yn Afghanistan.

Rhaid cadw y farchnad arfau yn fyw
Ac anghofio am gariad ac ewyllys Duw;
Ers dyddiad cyntefig y blaidd a'r hela
Fe bery'r dyhead o hyd am ryfela,
Ninnau yn gwledda mewn tref a llan
Heb gofio'r galanas yn Afghanistan.

Y diniwed rai sy'n eu carpiau llwyd
A phlant yn trengi o eisiau bwyd,
Neb am ddangos fawr o drugaredd
Ond parod i arllwys eu llid a'u cynddaredd,
A'r un o hyd ydyw tynged y gwan
Yn eu gwersylloedd oer yn Afghanistan.

Y Nadolig hwn doed cenhedloedd byd
I blygu drachefn o flaen y crud,
A'n gweddi daer am arweiniad nefol
A phawb yn nesáu mewn ysbryd cartrefol,
Gan gydweithio fel un i wneud ein rhan
I godi o'r rwbel y wlad Afghanistan.

DIWYLLIANT

Cofio fy nhad
Yn craffu ar raglen Cwrdd Bach Bethesda,
Fel cofiadur yr orsedd
Yn darllen sgrôl y cyhoeddi
O'r maen llog.

Tanlinellu fy nhasgau
A dysgu'r darn adrodd o dan ddeg.
Cnoi pensil am nosweithiau
Wrth geisio llusgo 'Dai'r Dderwen'
I draethawd – 'Fy Hoff Lyfr'.

Nos Wener loerolau Chwefror
Gweld ffenestri'r cwm
Yn tywyllu o un i un,
A'r capel di-wresogydd yn llenwi fesul teulu,
A chlep y drysau'n cadw'r drafft o bob côr.

Penliniau crynedig yn cyfeilio i'r daith
Drwy Gwm Pennant,
A darn tair ceiniog fy llwyddiant
Yn nythu'n gynnes yn fy nwrn.

Y cystadlu heintus yn bwyta'r oriau,
Enillydd y limrig cyn falched â Phrifardd,
Ac afiaith yr Hen Dôn a'r araith ar y pryd
Yn ein harwain at 'Hen Wlad Fy Nhadau'.

Ffenestri'r cwm yn ailoleuo
A theuluoedd uwchben swperau diweddar
Yn ail-fyw'r cystadlaethau i gyd.

Minnau o dan ddylanwad cwsg
Yn tynnu fy nhraed i fyny'r grisiau,
A'r darn tair ceiniog yn para'n gynnes
Yn fy nwrn.

DAI JONES, LLANILAR

Agor ffiniau'r gorffennol – galw'i weld
        'Cefen gwlad' a'i phobol,
    A'i sgwrs serchog, gymdogol,
    Ddaw â naws hen ddyddiau'n ôl.

EMYN ORDEINIO MERCHED

Deuwn heddiw mewn gorfoledd
Yn ddiolchgar ger dy fron
I ordeinio dy lawforwyn
Yma yn y winllan hon;
Boed i egni ei hymroddiad
Gadarnhau ei sêl a'i ffydd,
A'n teyrngarwch i'r gwirionedd
Fod yn nerth o ddydd i ddydd.

Cofiwn am y gwragedd ffyddlon
A fu'n dystion drwy eu hoes,
Diolch am y rhai a safodd
Yn ddi–ildio wrth y groes.
Arwain Di ein chwaer i gynnal
Dy efengyl, a'i bywhau,
Bydded iddi brofi d'ysbryd
Sy'n ireiddio a chryfhau.

Er y trai ar draethau'n crefydd
Boed pob bendith ar ei gwaith,
Cynnal hi yn wrol, Arglwydd,
Rhag diffygio ar y daith.
Daw, fe ddaw y llanw eto
I orlifo dros y lan,
Na foed terfyn ar gyhoeddi
Dy genhadaeth glir i'r gwan.

TŴR CLOC NEWYDD ABERYSTWYTH

Boed clod am ei ail-godi – a'i weled
   Eilwaith i'n sirioli;
  A hwn yw'r llais ger y lli
  I'n mileniwm eleni.

LEWIS VALENTINE

Weledydd tal a wisgodd fantell ein Llywelyn
I arwain ei genedl er mynych frath a siom.
Listio i'r 'Rhyfel Sanctaidd' i goncro'r gelyn
A cherdded ffosydd gwaed yn Passchendaele a'r Somme,
Ei hyrddio i garchar yn dderyn creim am hawlio
Bod Llŷn, ei etifeddiaeth, uwchlaw pris y brad.
Ac ofer yno fu pob gwawd a'r ffiaidd ddiawlio
I fferru'i angerdd eirias at ei iaith a'i wlad.
Dyrchafodd ei olygon draw uwch moelni Tryfan
O'r lle dôi'r her a'i hysbardunai yn ddi-baid,
Gan losgi ei flynyddoedd yn wasanaeth cyfan
Heb unwaith golli'i ffydd, na'i egni dros ei Blaid.
Tra ninnau Gymry gwachul yn ein byddardod
Yn wfftio ei genhadaeth fawr, a chwennych cardod.

CORS FOCHNO
(Credid erstalwm mai'r hen wrach oedd yn gyfrifol am ofnau'r brodorion)

Ni ddaw un wraig silwétaidd ar brynhawn
O hydref yn hamddenol dros ei thir,
Cyn dychwel o dan bwysau'i chawell mawn

A baich o danwydd at y gaeaf hir.
Ac ni ddaw'r wrach mewn clogyn ar ei rhawd
I lechu wrth y tai yng ngolau'r lloer,
Gan fwrw'i chryndod ar drigolion tlawd
Cyn sleifio'n ôl i hedd ei siglen oer.
Ond deil y llysiau prin ym môn yr hesg
A'r adar i ymbincio yn ei gwlith,
Gan ddenu y dieithryn taer o'i ddesg
I'w swyno â hudoliaeth pob rhyw rith.
Ond am y brwydrau milain fu'n y fro
Hi geidw pob cyfrinach o dan glo.

CYWYDD I EIRIAN EVANS
ar ei ymddeoliad fel Prifathro yr Ysgol Gymraeg, Aberystwyth

Erchi wnawn ein cyfarchion
Yn eiriau hael yr awr hon,
Diolch am lafur diwyd
I un a roes ar ei hyd
O'i anian a'i holl ynni
Ei sglein iach i'n hysgol ni.

Ac wele, wrth ymddeol
Daw i ni â'n doe yn ôl,
Ledio'i waith heb eiliad wan,
Rhannu'i orau wnâi Eirian;
Hybu'r iaith i blant ein bro
Yn eithriad o Brifathro.

Mwy na'i ran a gyfrannodd
A mab y Mans ymhob modd,
Rhoi yn llawn o'i ddawn a'i ddysg
A dyfnhau gwreiddiau addysg;

Sefyll dros gadw'r safon
A roes glod i'r ysgol hon.
O ddesgiau yr addysgu
A'i ran fawr o'r hyn a fu,
Bellach melys ymbwyllo
A mwynhau fel y myn o;
Yma wedi'r ymadael
E fawrheir ei lafur hael.

I'M CYFAILL W J YN 80 OED

Cyn ymadael cawn Medi – yn rhannu
  Ei gyfrinach inni,
  Pedwar ugen eleni
  A fu taith dy fywyd di.

Ond ifanc yw dy afiaith – a pharhad
  O'r Ffair Rhos ddilediaith,
  A'i annatod dafodiaith
  Wedi ei wau yn dy waith.

Daw yn ôl ryw hud i ni – o edrych
  Trwy wydrau'r 'Ffenestri';
  Sul y fraint a Sul o fri
  Fu'r cip ar dy lyfr copi.

O bridd eu tyddyn diddos – yn wargam
  Daw Marged a Tomos,
  Yma ennyd am unnos
  I roi o barch air i'w 'Bòs'.

Dy ddoniau i'n diddanu – ydyw sôn
  Am fyd syml, a'i flasu,
  Gras y ddau o'r Nant Gors Ddu
  Yn hudoliaeth hen deulu.

Cilio'n wangalon i gyd – y mae rhai
　　Am ryw well esmwythyd,
　　Ymorol am y golud
　　A throi bant at bethau'r byd.

Tithau'n drylwyr, ddiwyro – yn dilyn
　　Dy alwad heb suro,
　　A golud dy fugeilio
　　Yn awyr iach ymhob bro.

Bore yw i gofio'n braf – y daeth dydd
　　Dy wyth deg; dymunaf
　　Hoen a gwên fel heulwen haf
　　A'u naws i'r degawd nesaf.

BWLCH

Difyrrwch ei ergyd farwol – yw'r hwyl
　　I'r heliwr hunanol,
　　Ond un fwyn â'i llais swynol
　　I hedd ei nyth ni ddaw'n ôl.

ALUN CREUNANT DAVIES

Talïaidd fab y Mans; fe bery o hyd
Rin yr hen fagwraeth yn ei waed,
Gan rodio dros anwadal lwybrau'r byd
A sylfaen yr Efengyl dan ei draed.
Ym mhob ryw swydd ymfalchïai'i ysbryd iach
Yn batrwm o'i onestrwydd yn ei waith;
Moduro'i Suliau i'n capeli bach
Yn gennad Duw, a philer dros yr iaith.

O fewn y llys gweithredai'n deg ei ran
Wrth gloi pob achos a'i frawddegau coeth,
Parod ei farn i godi'r tlawd a'r gwan,
Gan haeddu parch y Fainc fel ynad doeth.
Diolchwn bawb am ei wasanaeth gwiw
Ac am gael ei adnabod, gyfaill triw.

DAETH CRIST I'N PLITH
(cyhoeddwyd yn *Caneuon Ffydd*)

Daeth Crist i'n plith, O! llawenhawn,
A deued pawb ynghyd
I'w dderbyn a'i gydnabod Ef
Yn Geidwad i'r holl fyd,
Yn Geidwad i'r holl fyd,
Yn Geidwad, yn Geidwad i'r holl fyd.

Aed y newyddion da ar led
Awr gorfoleddu yw;
A seinied pawb trwy'r ddaear gron
Eu cân o fawl i Dduw,
Eu cân o fawl i Dduw,
Eu cân, eu cân o fawl i Dduw.

Boed ysbryd gwell rhwng gwlad a gwlad
Heb ryfel, dig na chas,
A phlyged holl arweinwyr byd
I'w dderbyn Ef a'i ras,
I'w dderbyn Ef a'i ras,
I'w dderbyn, i'w dderbyn Ef a'i ras.

Ein nerth a'n gobaith oll bob awr
Yw ei Efengyl Ef,

Daeth Crist i'n plith, O! llawenhawn,
Hosanna iddo Ef!
Hosanna iddo Ef!
Hosanna, Hosanna iddo Ef!

NYRS MORGAN
(ar ei hymddeoliad)

Nid yw ond megis doe ers pan y daeth
I gysgod Allt-y-crib o dir y de,
Mewn cap a lifrai nyrs yn ifanc-ffraeth
Â'i Morris wyth i'w dwyn o le i le.
Ond tyfodd y blynyddoedd hir ers tro
Yn ddarn o fywyd sydd ynghlwm wrth waith,
Rhoes hithau bennod lawn at hanes bro
Wrth rannu ei bendithion ar y daith.
'Rôl cyrraedd dydd ymddeol erbyn hyn
A thalar deilwng wedi'r gwaith a fu,
Caiff bellach ganu'n iach i'r brat bach gwyn
A chloi holl gynnwys y bag lleder du.
Mae diolch ardal heno yn ddi-ffael
Ac erys olion ei gwasanaeth hael.

SIROEDD CYMRU

Ceir dau ddeg dau o siroedd
Yng Nghymru, dyna'r sôn,
Dewch nawr yn ein hofrennydd,
Gan ddechrau'n Ynys Môn.
Dros Wynedd draw i Gonwy
Ac yna i Sir y Fflint,
Cyn hedfan dros Sir Ddinbych
A Wrecsam ar ein hynt.

Awn wedyn lawr i Bowys
A gweld mor fawr yw hi,
Cyn oedi yn Sir Benfro
A'n Ceredigion ni.
Ymlaen dros Sir Gaerfyrddin
I Abertawe'n awr,
A Chastell-nedd Port Talbot
Sy'n glamp o enw mawr.

Gweld Pen-y-bont ar Ogwr
A Rhondda Cynon Taf,
Blaenau Gwent a Merthyr Tudful
I gyd yn enwau braf.
Cawn olwg ar Gaerffili
Wrth fyned yn ein blaen,
Ac ymhen dim fe'n gwelir
Yn gwibio dros Torfaen.

Sir Fynwy fydd y nesaf
A welwn ni o'r nen,
Awn wedyn i Gasnewydd
Mae'n taith bron dod i ben.
'Rôl cyrraedd Bro Morgannwg
Cawn lanio yng Nghaerdydd,
Gweld dau ddeg dau o'n siroedd
Cyn cael ein traed yn rhydd.

EMYN PRIODAS

Deuwn Arglwydd Ior â'n moliant
Yma ger dy allor lân,
Mae llawenydd yn ein henaid
A gorfoledd yn ein cân.
Ti, gynhaliwr ein teuluoedd,
Tyred yma'n awr i'n plith,
Gwasgar megis gynt yng Nghana
Dy fendithion fel y gwlith.

Y mae cariad mewn dwy galon
Yn dyheu am fyw'n gytûn,
Dyro iddynt brofi'r gwynfyd
Sy'n dy ysbryd di dy hun.
Ti ffynhonnell eu diwylliant
Rhoddaist gyfoeth pur i'w hiaith,
Diolch am ddwy aelwyd gadarn
A fu'n sylfaen gref i'w taith.

Boed i heulwen eu priodas
Ddal i wenu a pharhau,
Cynnal hwy ar lwybrau bywyd
Gyda'u serch yn cyd-ddyfnhau.
Dyro iddynt eiriau cysur
Dy efengyl drwy eu hoes,
Tywys hwy ymhob rhyw dywydd
Law yn llaw yng ngolau'r groes.

TROEON BYWYD
(Deg o benillion telyn)

Daw'n ôl o'r pell flynydde
Hen ysgol fach y pentre,
Lle'r awn a'm tocyn yn fy llaw
Boed haul neu law bob bore.

Fy nghalon fach fel carreg
Yng nghanol syms a Saesneg,
Hiraethwn am ga'l ffoi o'u sŵn
I gwmni'r cŵn a'r gwartheg.

★ ★ ★

Teimlo bywyd yn baradwys
Pan yn dilyn arad ungwys,
Gwrando o fla'n storm a'i difrod
Gyfrinache y gwylanod.

★ ★ ★

Cychwyn gynt drwy wlith y bore
Gyda 'mhecyn ar fy nghefn,
I fwynhau seiade'r cneifio –
Am flynydde, dyna'r drefn.
Ond yn oes y mecaneiddio
Tawodd y tafode brwd,
Ma'r gymdeithas wedi chwalu
A phob llafan dur yn rhwd.

★ ★ ★

Myned unwaith i Ffair Clame
Gyda gwaled llawn o bunne,
Ca'l fy nenu gan ryw hoeden
A dod adre heb un ffaden.

Colli Mac ddoi ar 'i dro
Bob ha' i'r fro yn gyson,
Y Gwyddel tal a'r breichie cry'
I chwynnu maip a moron,
Ac wedi tâl i ffwrdd am sbri
I foddi hanner coron.

★ ★ ★

Cofio am ein priodas dawel
Llai na dwsin yn y capel,
Pryd o fwyd wrth fyrdde'r festri
Neb mewn steil, a dim conffeti;
Ar ôl gwrando chydig eirie
Adre' i dorri y gwair hade.

★ ★ ★

Crafu i roi punt wrth gefen
Dyna 'stalwm o'dd y drefen,
Rhaid yw gwario nawr ar bopeth
A byw wedyn yn ddidoreth.

★ ★ ★

Droeon bu dannedd Ionor
Yn byta'n ddwfn i'r ogor,
A chofio'i wên yn ddim ond siam
Dydd hebrwng mam ar elor.

★ ★ ★

Er ca'l fy nhemtio droeon
I adael Ceredigion,
Gwell gen i aros ar 'i thir
Na rhoi'r hen sir i'r Saeson.

Am restr gyflawn o holl gyhoeddiadau'r Lolfa,
mynnwch gopi o'n Catalog newydd lliw-llawn
– neu hwyliwch i mewn i **www.ylolfa.com**

TALYBONT CEREDIGION CYMRU SY24 5AP
gwefan www.ylolfa.com
e-bost ylolfa@ylolfa.com
ffôn 01970 832 304
ffacs 832 782
isdn 832 813